Katheryn Tondolo

Sinergia entre el Mercadeo tradicional y la Web 2.0 para las empresas Venezolanas

GRIN Verlag

GRIN - Your knowledge has value

Since its foundation in 1998, GRIN has specialized in publishing academic texts by students, college teachers and other academics as e-book and printed book. The website www.grin.com is an ideal platform for presenting term papers, final papers, scientific essays, dissertations and specialist books.

Visit us on the internet:

http://www.grin.com/

http://www.facebook.com/grincom

http://www.twitter.com/grin_com

UNIVERSIDAD CATÓLICA ANDRÉS BELLO.

VICERRECTORADO ACADÉMICO.

DIRECCIÓN GENERAL DE LOS ESTUDIOS DE POSTGRADO.

ÁREA DE CIENCIAS ADMINISTRATIVAS Y DE GESTIÓN.

POSTGRADO EN ADMINISTRACIÓN DE EMPRESAS.

SINERGIA ENTRE EL MERCADEO TRADICIONAL Y LA WEB 2.0 PARA LAS EMPRESAS VENEZOLANAS

Proyecto de Tesis presentado por:

Katheryn Candelaria TONDOLO OCHOA

Como requisito para obtener el título de

Magister en Administración de Empresas

Caracas, Enero de 2013

UNIVERSIDAD CATÓLICA ANDRÉS BELLO.
VICERRECTORADO ACADÉMICO.
DIRECCIÓN GENERAL DE LOS ESTUDIOS DE POSTGRADO.
ÁREA DE CIENCIAS ADMINISTRATIVAS Y DE GESTIÓN.
POSTGRADO EN ADMINISTRACIÓN DE EMPRESAS.

SINERGIA ENTRE EL MERCADEO TRADICIONAL Y LA WEB 2.0 PARA LAS EMPRESAS VENEZOLANAS

Autora: Tóndolo Ochoa, Katheryn Candelaria

Fecha: Enero de 2013

RESUMEN

El siguiente trabajo tiene como objetivo analizar el impacto del mercadeo a través de la Web 2.0 tanto para las empresas como público en Venezuela. El uso de la Web 2,0 y redes sociales está tomando cada día mayor fuerza, es por ello la importancia de la Web 2.0 como herramienta de mercadeo para las empresas.

El tema se comenzó abordando desde el concepto de "Marketing, hasta la Web 1.0 y la Web 2.0, llegando así a las redes sociales, como lo son Facebook y Twitter, variables a ser estudiadas como instrumento de Mercadeo en las empresas.

Actualmente existen muchas vías para que una empresa pueda promocionar sus productos y servicios, en comparación a hace 5 años; incluso se han creado nuevos medios de comunicación, los cuales permiten que exista una comunicación más rápida, más fluida y de dirección bidireccional para la relación Cliente – Empresa; es por ello la importancia del estudio de la Web 2.0 como herramienta de Mercadeo.

Palabras claves: Mercadeo, Internet, Web 2.0 (Facebook y Twitter), Social Media.

DEDICATORIA

Le dedico con todo mi corazón, mi trabajo especial de grado a dos personas muy importantes en mi vida, en donde sin su amor y su apoyo nada de lo que soy hoy en día sería posible.

En primer lugar a tí madre, una maravillosa mujer, que has dedicado tu vida a llenarme de amor, valores y principios, estando siempre a mi lado, guiándome a lo largo de mi vida, enseñándome a creer que las cosas por más difíciles que las veamos se pueden lograr, ya que nada es imposible y tenías razón. Recuerdo las palabras que me decías desde que era pequeña: "Tu sí puedes" y tenías razón mami YO SI PUEDO; gracias por estar siempre a mi lado, eres un gran ejemplo de madre y de mujer. Te admiro

En segundo lugar a mi hermana, gracias por estar continuamente a mi lado, siempre he podido contar contigo en todo momento, te quiero mucho, eres mi mejor amiga, me encanta estar contigo. Desde que éramos muy pequeñas siempre te recuerdo a mi lado, en muchas de ellas guiándome y en otras regañándome, pero siempre pensando en mi bien, eres un gran ejemplo para mí, siempre te he admirado y me siento orgullosa de ser tu hermana.

Sé que sin su amor y su apoyo nada de esto lo habría podido lograr.

AGRADECIMIENTOS

A Dios que me dio la oportunidad de nacer, regalarme una extraordinaria familia y acompañarnos día a día, llenándonos de bendiciones.

A mis padres, gracias por darme la vida y por su amor incondicional, por enseñarme principios que me permiten ser la persona que soy hoy en día.

A mi querida hermana, gracias por estar conmigo y ayudarme en el desarrollo de este Trabajo de Grado, eres la mejor hermana que una persona pueda pedir.

A mi casa de estudios la UCAB, me siento muy orgullosa de haber podido ejercer mis estudios aquí. Finalmente a mi tutor, el Prof. Berardo, muchísimas gracias por toda la paciencia y el apoyo prestado en este año durante la elaboración de este trabajo, es un excelente educador y me encantó haber compartid el diseño de esta tesis con usted.

INDICE GENERAL

INDICE DE FIGURAS Y TABLAS

INTRODUCCIÓN

Los cambios y la evolución es algo constante en todo el mundo, nada es estático, día a día se están creando nuevos productos, las noticias cambian en segundos, las personas envejecen más... y el mercadeo, no se escapa de dichos cambios. Gracias a la evolución de la tecnología y de la Web, podemos ver que existen nuevas ventanas de comunicación como lo son *Facebook* y *Twitter*, las cuales son herramientas que ofrece la Web 2.0.

Las aplicaciones o herramientas que posee la Web 2.0, permiten que una empresa pueda dar a conocer sus productos y servicios por medios de comunicación distintos a los tradicionales (radio, televisión, prensa, entre otras), donde adicionalmente los clientes tienen la oportunidad de interactuar con la empresa de su preferencia y darle información a la misma. Este nuevo tipo de mercadeo permite que exista una comunicación bidireccional a diferencia del mercadeo tradicional, en donde la comunicación sólo es realizado por parte de las empresas de forma unidireccional.

Las redes sociales están impactando no sólo a la sociedad, sino también a las empresas, convirtiéndose en una nueva forma de comunicarse en el siglo XXI. Hoy en día las redes sociales están en todas partes, específicamente *Facebook* y *Twitter*, las cuales son herramientas usadas por millones de usuarios diariamente, incluso varias veces al día, con el fin de dar o recibir información.

Las herramientas de la Web 2.0 tienen mucha audiencia a nivel Internacional, ya que con los cambios tecnológicos y la alta penetración de teléfonos inteligentes y "tablets" en usuarios de todas las edades, han logrado que las personas puedan estar conectadas a las redes sociales en cualquier momento que lo desee sin la necesidad de tener una computadora, lo cual hace que la comunicación cliente – empresa sea mucho más fácil y rápida a través de *Facebook* y *Twitter*.

Con tanta competencia que existe hoy en el mercado, las empresas necesitan estar en contacto permanente con sus clientes o potenciales clientes, deben tener una comunicación cada día más cercana, además de escuchar qué es lo que desean sus usuarios con la finalidad de satisfacer las necesidades. Todo esto es posible con la ayuda de la Redes Sociales, es por ello que las empresas Venezolanas están implementando su mercadeo por estas vías de comunicación, las cuales cada día están tomando mas fuerzas entre la sociedad, y adicionalmente al integrar el mercadeo tradicional, el resultado que se obtiene es completamente exitoso y efectivo.

En el desarrollo del trabajo de grado, el cual se basa en el análisis de la *"Sinergia entre el mercadeo tradicional y la Web 2.0 para las empresas Venezolanas"*, con la finalidad de conocer el impacto que tiene hoy en día las redes sociales, tanto en las Personas Naturales (Clientes) como para las Personas Jurídicas (Empresa).

Para el desarrollo de la tesis, se abordaron los capítulos que se explican a continuación:

- Capítulo I – Planteamiento del problema: Se explica el planteamiento del problema, junto con el objetivo general y los objetivos específicos.

- Capítulo II – Marco Teórico: El desarrollo del marco teórico presentado en este capítulo permitirá tener una base para poder alcanzar cada uno de los objetivos específicos propuestos, donde entra en juego el concepto de la Web 1.0 y la evolución que ha presentado, hasta llegar a lo que se conoce como Web 2.0 que trae consigo nuevos medios de comunicación como son *Facebook* y *Twitter*. Esto permitirá entrar en materia con todo lo relacionado al Marketing en la Web y sus variables como lo son las 4P (precio, producto, promoción y plaza) dentro de las empresas.

- Capítulo III - Metodología: Este capítulo muestra la explicación de la metodología utilizada, donde se desarrolla el proceso de investigación a llevar a cabo, así como los diferentes procedimientos a aplicar para dar cumplimiento a cada objetivo planteado.

- Capítulo IV - Análisis de los resultados: En este capítulo se muestran los resultados obtenidos de las encuestas realizadas a personas natural, así como la entrevista realizada a distintas empresas Venezolanas que se enfocan en la rama de productos y servicios.

- Capítulo V: En este capítulo se busca dar un cierre a todos los objetivos específicos planteados y desarrollados a lo largo de la tesis, y en especial analizar la importancia que tienen las redes sociales (Web 2.0) en la realización del Mercadeo, enfocado a las empresas venezolanas. Para ello se diseñó la matriz DOFA enfocada en la Web 2.0, así como el análisis de distintos ejemplos de cómo las empresas unen el mercadeo tradicional con el mercadeo por la Web 2.0, para finalizar con el Marketing Mix adaptado a la Web 2.0.

Internet, junto con *Facebook* y *Twitter*, cambiaron en definitiva la forma de comunicación, bien sea para que los clientes favorezcan a las empresas a través de mensajes positivos sobre determinado producto, o lamentablemente para emitir mensajes negativos del mismo, utilizando este medio como puente de reclamo o queja con determinada empresa. Debido a lo anteriormente explicado, muchas empresas cada día se traten de superar más, dándoles satisfacción a sus clientes y estableciendo contacto directo con las personas a través de estas nuevas vía de comunicación y de realizar mercadeo.

CAPÍTULO I

PROPUESTA DE INVESTIGACIÓN

1.1 Formulación del Problema

Hoy en día la tecnología ha avanzado tanto y tan rápidamente, que las empresas han tenido que adaptarse a ella y aprovechar los beneficios que trae consigo, buscando llegar a cualquier rincón del mundo sin quedarse fuera del mercado.

Millones de personas navegan todos los días por Internet, visitando diferentes páginas web que incluyen páginas de redes sociales, bien sea para conocer alguna información o difundirla. Por ejemplo, para leer las noticias de un periódico ya no hace falta comprarlo ni tenerlo en físico, debido a que la información se puede obtener a través de la web del diario; lo mismo sucede para divulgar o conocer alguna información acerca de un producto o servicio, e igual ocurre para adquirir un determinado producto o servicio, ya que solo hace falta buscar la tarjeta de crédito para comprar lo que se desee. Pensar esto años atrás, parecía imposible, Internet es un medio versátil de comunicación para establecer contacto con cualquier parte del mundo y en cualquier parte del mundo.

Por toda esta evolución del mercado que se comienza a unir a con el mundo de la tecnología, se ve necesario conocer cuál es el impacto que trae consigo la Web 2.0 y las Redes Sociales para las empresas, así como la influencia que pueden ejercer en el consumidor estas nuevas vías de comunicación y la forma de Mercadear los productos y servicios.

Tanto las empresas grandes como pequeñas han encontrado una nueva forma de darse a conocer y llegar a distintos lugares del mundo sin tener presencia física alguna en ese país donde ofrece sus productos o servicios, así como innovadoras vías de comunicación para poder conocer al cliente, con la finalidad de que se sienta identificado con la marca (producto o servicio).

Muchas son la empresas que se están formando desde casa, tal como ocurrió con Bill Gates y su empresa Microsoft, o también conocidas como pequeñas nuevas empresas que aún no cuentan con el dinero suficiente para hacer una campaña publicitaria por los medios regulares (como son los anuncios en revistas, periódicos, publicidad en radio y televisión, entre otros), se puede de igual forma dar a conocer su producto o servicios sin ningún (o muy bajo) costo a través de la redes sociales como el Twitter y Facebook, consiguiendo incluso una mayor penetración en los posibles consumidores.

Sin embargo, aunque este tipo de mercadeo es obvio y se encuentra a la mano de los usuarios, muchos de ellos no conocen cómo podría influir este tipo de estrategias de mercadeo en sus negocios, y el objetivo principal de este proyecto será realizar el análisis preciso para determinar el impacto de las redes sociales y la Web 2.0 en las empresas, independientemente al producto y/o servicio que puedan ofrecer.

1.2 Objetivo General

Analizar la importancia que tienen las redes sociales (Web 2.0) para la realización del Mercadeo y Marketing dentro de las empresas Venezolanas.

1.3 Objetivos específicos

1.3.1 Identificar como las empresas (pequeñas, medianas y grandes) realizan su mercadeo y dan a conocer su marca en la actualidad.

1.3.2 Evaluar la Web 2.0 como herramienta de marketing dentro de las empresas Venezolanas.

1.3.3 Analizar las ventajas que puede tener el mercadeo a través de la Web 2.0, respecto al mercadeo por la vía tradicional.

1.3.4 Determinar el impacto del mercadeo a través de la web 2.0 para el público en general.

1.4 Justificación

Los medios de comunicación han evolucionado y con ello la forma de hacer mercadeo y promocionar los productos y servicios ofrecidos por los grades y pequeños empresarios.

Actualmente las telecomunicaciones y las redes sociales han entrado en la vida de cada individuo sin importar la clase social que tenga la persona, en especial en las nuevas generaciones que están muy pendientes y atentos de lo que trae la tecnología como lo es hoy en día Facebook y Twitter, en donde las empresas usan estos medios para tener una comunicación directa con sus clientes o futuros clientes, con el fin de conocerlos mejor y saber qué es lo que están buscando en sus marcas o productos de sus preferencias.

La forma en que las empresas están re-direccionando sus vías de comunicación con sus clientes, ha cambiado y es por ello el interés que se presenta al profundizar con esta tesis de grado, con el fin de constatar los cambios que han generado la web en los empresarios Venezolanos.

1.5 Interrogantes a ser contestada con el desarrollo de la tesis

1.5.1. ¿Qué tan importante es el mercadeo a través de la web para las empresas Venezolanas?

1.5.2. ¿Cuál es la importancia que tiene el mercadeo a través de las redes sociales para nuevas y pequeñas empresas?

1.5.3. ¿Cuál es la importancia que le dan los empresarios Venezolanos, tanto de pequeñas como grandes empresas, al mercadeo a través de la Web 2.0?

1.5.4. ¿Cuál es la influencia que puede generar las redes sociales, a nivel de mercadeo, en los usuarios?

1.5.5. ¿Cuál es el impacto que tiene la publicidad a través de Twitter y Facebook en muestras representativas para la Generación Y en Venezuela?

1.6 Alcance

1.6.1. Determinar si en Venezuela tiene impacto el mercadeo a través de la Web.

1.6.2. Deducir qué tipo de cliente o futuro cliente presta atención al mercadeo que se realiza en la web.

1.6.3. Determinar los beneficios que persigue los empresarios al realizar su mercadeo a través de las redes sociales.

1.7 Limitaciones

Las limitaciones que se pudiesen encontrar están en la muestra a escoger, ya que se tiene que realizar un trabajo de campo tanto para personas jurídicas como naturales y pueden ser que existan inconvenientes para obtener la información que se requiere e incluso por la cantidad de la muestra manejada, para llegar a conclusiones necesarias.

También se podrán encontrar otras limitaciones en las fechas del cronograma, ya que se cuenta con 4 meses (Septiembre 2012 a Diciembre 2012) para realizar el trabajo de campo, correspondiente al tema de estudio. Además también se puede encontrar otras limitaciones en los tiempos de entrega de las encuestas que se enviaran por correo electrónico.

CAPÍTULO II.

MARCO TEÓRICO

2.1 El Marketing

El Marketing es uno de los conceptos mayormente manejado en todas las empresas que ofrecen productos y/o servicios, es por ello que la importancia de conocer este concepto es esencial.

Para la mayoría de las personas, el Marketing se puede definir como la forma en que una empresa se da a conocer, como se muestra y de cómo promociona sus productos o servicios. En el marketing se involucra una serie de actitudes o acciones por parte de una empresa desde la distribución, publicidad y transporte, lo cual hará que el producto ó servicio de una empresa llega a manos de los consumidores.

Algunos de los conceptos seleccionados del marketing son:

- ¨*Marketing es la realización de actividades mercantiles que dirigen el flujo de mercancía y servicios del productor al consumidor o usuario¨* (Ferrel & Pride, 1985)

- ¨*Marketing es un sistema total de actividades mercantiles encaminado a planear, fijar precios, promover y distribuir productos y servicios que satisfacen necesidades de los consumidores actuales y potenciales ¨* (Ferrel & Pride, 1985)

- ¨*Marketing es el proceso interno de una sociedad mediante el cual se planea con anticipación o se aumenta y satisface la composición de la demanda de mercancías y servicios de índole mercantil mediante la creación, promoción, intercambio y*

8

distribución   física   de   tales   mercancías   y   servicios"
(Ferrel & Pride, 1985)

- "*Proceso mediante el cual las compañías crean valor para los clientes 0y establecen relaciones estrechas con ellos, para recibir a cambio valor de los clientes* ". (Armstrong & Kotler, 2007)

El concepto del Marketing es muy cambiante en cada empresa, pero el enfoque principal está en el que todos coinciden de que el marketing está relacionado con los clientes y va mucho más allá que en la publicidad y ventas de bienes ó servicios, se trata también de darle satisfacción al cliente y así lograr establecer una relación que perdure en el tiempo.

Un concepto un poco más amplio es que "*En la actualidad el Marketing debe entenderse, no en sentido arcaico de realizar una venta (hablar y vender), sino en el sentido moderno de satisfacer las necesidades del cliente. Si el gerente de marketing entiende bien las necesidades del consumidor; si desarrollar productos que ofrezcan un valor superior; y si fija sus precios, distribuye y promueve de manera eficaz sus productos se venderán con mucha más facilidad. De manera que las ventas y la publicidad son únicamente parte de una mezcla del marketing mayor, es decir, del conjunto de herramientas de marketing que funcionan en conjunto para satisfacer las necesidades del cliente y para establecer relaciones con éste*" (Armstrong & Kotler, 2007)

Esto dice que el marketing para el área de productos está relacionado con las 4 P, conocidas mejor como: Precio, Producto, Promoción y Plaza. Para el área de Servicios se encuentran las 7 P, las cuales son: Producto, Plaza, Prospección, Promoción, Promotores, Personalización y Precio.

Figura.2.1-Medio Ambiente de Marketing

Fuente: (Jorge Menéndez, 2007)

Las 4P del Marketing para el área de productos son:

- Precio: Es aquel valor monetario (Dinero) que le da la empresa o el mercado para vender un determinado producto. Años atrás el precio era un punto fundamental en la toma de decisiones por parte de los consumidores de si comprar ó no un determinado producto ó servicio, hoy en día esto ha cambiado el cliente no solo se fija en el precio sino mas bien basa su decisión de compra en una serie de factores los cuales considera mucho más importante que el mismo precio.

- Producto: Es aquello que se ofrece en el mercado de venta para satisfacer la necesidad ó deseo de un cliente.

Día a día nos encontramos con productos en la calle de todo tipo como ventas de café, zapatos, ropa, comida, etc. Todos ellos buscan satisfacer la necesidad de un individuo.

"Los Servicios son una forma de producto que consiste en actividades, beneficios, o satisfacciones que se ofrecen en venta, y que son esencialmente intangibles y no tienen como resultado la propiedad de algo. Algunos ejemplos son los servicios bancarios, hoteles, aerolíneas…" entre otros. (Armstrong & Kotler, 2007)

10

- Promoción: Es el plan de comunicación que va a tener una empresa para dar a conocer sus productos, así como la forma en que dan los mensajes publicitarios una empresa.

"El papel de promoción es comunicarse con las personas, grupos o organizaciones para facilitar, en forma directa o indirecta, los intercambios al influir en uno o más de los consumidores para que acepten un producto en la organización" (Ferrel & Pride, 1985)

- Plaza: También conocida como distribución, va hacer el lugar y espacio conveniente y accesible para que los clientes pueden adquirir el producto ofrecido por el empresario. Es importante destacar que dependiendo del tipo de producto ó servicio que se ofrezca la plaza va a variar, así como que una plaza puede determinar el éxito ó fracaso de una compañía.

Como se puede observa, en toda empresa el Marketing está relacionado por una serie de pasos que se deben llevar a cabo para cumplir con los Objetivos de satisfacción y vínculo con el cliente, por tal motivo se puede establecer el Proceso del Marketing:

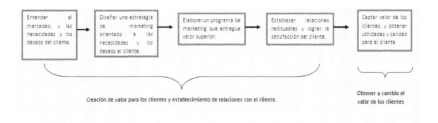

Figura 2.2-Proceso del Marketing

Fuente: (Armstrong & Kotler, 2007)

Si se compara la publicidad o promoción de hoy en día con la de hace 20 años se pueden ver grandes cambios, en como las empresas dan a conocer un producto ó servicio, ya no solo se comercializa un producto por revistas, periódicos, volantes, anuncios en televisión y radio. Los avances tecnología han crecido de forma muy rápida y con ello la forma en que las empresas dan a conocer su marca, hoy en día existe Internet que junto con las redes sociales los empresarios están usando este medio para entrar en contacto con sus cliente ó futuros clientes y crean un vinculo entre empresario – cliente.

Internet o también conocido como web 1.0, cambió la forma en cómo las empresas dan a conocer un producto ó servicio. Actualmente las compañías cuentan con pagina Web, cuenta en Facebook, cuenta en Twitter, entre otras, estos últimos conocidos como la Web 2.0.

Que una empresa realice una campaña de publicidad por los medios tradicionales (tv, radio, prensa, etc.), ya no es suficiente para abarcar el mercado de hoy en día , es de gran importancia que una empresa tenga presencia en la Web y en especial en la Web 2.0 (Facebook, Twitter, entre otros) para así poder llegar a diferentes partes del mundo sin la necesidad de tener presencia física y adicionalmente este tipo de mercadeo a través de redes sociales hace que el mensaje que desee dar una empresa llegue con mayor facilidad a las nuevas generaciones que están contantemente conectados en la web.

¨Tener presencia en Internet es fundamental para las empresas, el poder que tiene la Web permite alcanzar una relación con los clientes a largo plazo, y hacer el mercadeo de forma dual y así tener contacto permanente con el consumidor de un producto ó servicio.¨ (Aullet, 2009)

Es por ello que no resulta extraño encontrar que Internet está revolucionando la manera de relacionarse entre las empresas con sus clientes, creando competencia y rivalidad entre compañías con los cambios tecnológicos, lo cual exige que las empresas tengas que reimplantar su forma de hacer mercadeo.

La siguiente figura muestra el porcentaje de personas en Estado Unidos que se actualizan en materia de noticias a través de la Web 2.0 y lo comparan con él porcentaje de la población que lo hace por la vía tradicional como lo es por la TV, Radio, prensa, etc.

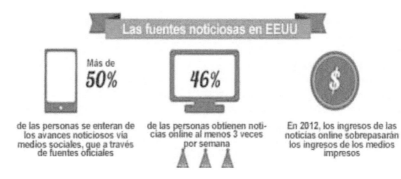

Figura 2.3-Porcentaje de fuentes noticiosas en USA

Fuente: (Insidetelecom, 2012, Vol.XII)

2.2. Internet o Web 1.0

"Internet es la red de ordenadores más grande del mundo. Los primeros pasos para la creación de la "Red de redes" lo dio el gobierno de los Estados Unidos al crear, en 1969, la Red de la Agencia de Proyectos de Investigación Avanzada (ARP ANET) como resultado de un programa de protección de datos importantes de instituciones militares y universidades del país, para evitar que un ataque nuclear pudiera dejar aisladas a estas instituciones. En 1982 se comenzó a conocer esta Red con el nombre de Internet, coincidiendo con la implantación en la misma de un protocolo conocido como TPC/IP (Transmisión Control Protocol / Internet Protocol), cuyos comandos para circular por esta red de ordenadores eran entonces complicados. Pero no fue hasta el año 1992, gracias a la aparición de programas en entornos Figuras (Macintosh y Windows) para navegar por Internet, cuando empezó la verdadera expansión de Internet; hasta entonces un monopolio de gobiernos y universidades, para comenzar la difusión de la llamada World Wide Web (WWW, W3 ó Web). Dicen que la WWW es a Internet como Windows a DOS, puesto que la WWW aporta la facilidad de uso, el entorno de ventanas y la multimedia, además de otros adelantos para convertirse en la cara amable de la red." (Gamallo, Palacios, Santamaría, Terradez, 1996).

"*Después del nacimiento de Internet, que era un montón de páginas interconectadas donde se tenía de todo y a su vez nada, ya que no se distinguía que información era real y cuál era falsa. Ya para 1990, un estudiante crea el buscador académico ARCHIE, luego surgen ALTAVISTA, EXCITE Y YAHOO, pero ninguno realmente lograba poner en orden toda la información de internet, hasta que llegó GOOGLE, el cual logró realmente que los libros y enciclopedias quedaran en la historia. Internet trajo la información y google hizo que ésta fuera accesible.*" *(Nafría, 2007).*

Características del Internet: (Castells Manuel, 2000)

- Internet es y será aún más, el medio de comunicación y de relación esencial sobre el que se basa una nueva forma de sociedad.

- Internet nace como programa de investigación militar pero que en realidad nunca tuvo aplicación militar. No hubo aplicación militar de Internet; hubo financiación militar de Internet, que los científicos utilizaron para hacer sus estudios informáticos y su creación de redes tecnológicas.

- El mundo de la empresa no fue en absoluto la fuente de Internet, es decir, Internet no se creó como un proyecto de ganancia empresaria.

- Internet se desarrolla a partir de una arquitectura informática abierta y de libre acceso desde el principio.

- Los productores de la tecnología de Internet fueron fundamentalmente sus usuarios, es decir, hubo una relación directa entre producción de la tecnología por parte de los innovadores pero, después, hubo una modificación constante de aplicaciones y nuevos desarrollos tecnológicos por parte de los usuarios, en un proceso de feedback, de retroacción constante, que está en la base del dinamismo y del desarrollo de Interne

- Esta tecnología permite el efecto de retroacción en tiempo real.

- Es un instrumento de comunicación libre, creado de forma múltiple por gente, sectores e innovadores que querían que fuera un instrumento de comunicación libre.

14

Pero la comunicación en Internet ha venido evolucionando y con ello se ha transformado en lo que es la Web 2.0 y las funcionalidades que este puede tener.

La Web 2.0 que permite que tanto personas naturales como jurídicas, tengan lugar en Internet y puedan saber qué es lo que sus clientes les gusta o disgusta de la marca, que se sientan tomados en cuenta y identificados con la empresa de su marca favorita. A través de esta web 2.0 donde las compañías están realizando su mercadeo digital, así como logrando que tanto los clientes como empresarios tengan la opción de información y crear a su vez información, la cual se puede compartir con otros usuarios conectados a la red.

"La Web 2.0 es participativa por naturaleza. En ella, los usuarios no suelen adoptar una actitud pasiva, sino todo lo contrario. No sólo leen, también discuten, comentan, valoran, opinan, proponen, anuncian, enlazan, escriben, publican, intercambian, escogen, corrigen, comparten... Es decir, participan activamente" (Nafría,2007)

Esta nueva Web permite que exista una comunicación bidireccional y de forma rápida e instantánea entre las personas, sin importar en qué país se encuentre. Es por ello que las empresas, bien sea grande, mediana ó pequeña, están usando la Web para mercadear sus productos ó servicios y adicionalmente estar en contacto permanente con el público, y de esta manera saber que les interesa, que les gusta ó que cambiarían del producto que se está ofreciendo, entre mucha cosas más.

La *"incorporación de las nuevas tecnologías sociales en las empresas hará que mejore la productividad al fomentar la colaboración y ahorrar tiempos y costes. Existen numerosos estudios que demuestran que el uso de aplicaciones informáticas ha originado un efecto multiplicador de la productividad. La utilización de blogs, wikis y redes sociales permite a los empleados trabajar en equipo entre las diferentes áreas de una compañía, aportando movilidad y flexibilidad en sus responsabilidades laborales."* (Celaya, 2011)

La incorporación de las redes sociales a una empresa permite que cualquier público y empleado *"pueda escuchar y, sobre todo, conversar y relacionarse con los clientes a través de las nuevas Tecnología",* lo cual también *"obliga a la empresa a llevar a cabo una transformación total de la cultura corporativa."* (Celaya, 2011)

"El Mercadeo 2.0 consiente que los usuarios puedan interactuar con la marca y expresar su opiniones acerca de éstas, sin importar que las críticas sean positivas o negativas; además hace que la vida sea más sencilla para las personas que usan la web, ya que con un simple clic pueden realizar la comparación de algún producto mercadeado por tv o por la misma Web." (Bucarito, 2011).

Si comparamos la web 1.0 (Internet) con la Web 2.0, se notará que son totalmente diferentes, ya que la Web 1.0 sólo permitía que el usuario únicamente recibiera información, él sólo podía ser un espectador de lo que ofrecía internet (El protagonista era la información). En cambio la web 2.0 ofrece un cambio radical al tema del Internet y las comunicaciones, ya que éste ofrece al usuario no sólo recepción de información, sino también la posibilidad de brindar información, de crear y generar contenido, logrando que el usuario tenga una participación directa en donde el protagonista es el usuario.

El nuevo modelo de Internet, es decir, Web 2.0, hace que las personas pueden estar interconectadas en la web, compartiendo opiniones, gusto, preferencias, así como dando y recepcionando información. De esta forma se capta la atención del potencial cliente y así responder a lo que el empresario ofrece, incluyendo la creatividad que tenga el empresario al realizar sus campañas de productos o servicios por internet será fundamental para el existo del mismo.

El Marketing a través de la Web 2.0 se está imponiendo como modelo de vanguardia para acercarse de una mejor forma con los consumidores ya que éste es un mercadeo multidireccional, con el cual se obtiene respuesta directa por parte de los consumidores, transformando totalmente al mercadeo clásico que se obtiene por TV, radio, etc. Este nuevo modelo de mercadeo para las empresa les permite crear un mercadeo Directo logrando una comunicación bidireccional, es decir, se establece un diálogo entre la empresa y el consumidor final, totalmente contrario a lo que es el

Mercadeo Masivo tradicional en el cual el vendedor dice todo y el cliente nada, no existe la interactividad para conocer y entender las necesidades de los consumidores. Por su parte el Mercadeo a través de Internet, permite que el empresario y el consumidor creen una relación y que ésta perdure en el tiempo.

"Un elemento clave del mercadeo directo, a diferencia de otras modalidades de mercadeo, es la posibilidad de medir su efectividad. Al registrar cada transacción con un cliente e identificar las comunicaciones y los canales de contacto usados es posible relacionar los gastos de mercadeo con los ingresos que provienen de un cliente, producto o comunicación específica." (González, Sin Fecha)

La Web 2.0 está cambiando el rumbo de la dirección de marketing dentro de la empresas ya que *"Al igual que la Revolución Industrial transformó radicalmente la manera de producir, comercializar y promocionar cualquier tipo de producto o servicio en la sociedad, la Revolución Digital representa el principal desafío de las empresas e instituciones a la hora de innovar para redefinir sus nuevos modelos de negocio en el siglo XXI."* (Celaya, 2011)

Con la llegada de la Redes Sociales como lo son Facebook y Twitter, las empresas incorporaron estas como una forma de mercadeo, permiten que los empresarios profundicen su relación con el cliente, y el cliente a su vez comunicarles a sus potenciales clientes su opinión acerca de la empresa.

De igual manera, para poder emplear este tipo de mercadeo, se debe seguir *"un plan estructurado y siguiendo ciertas premisas. Un principio fundamental del mercadeo interactivo recomienda dirigirse directamente al cliente, recordar lo que dice y hace, y volver a dirigirse al cliente de una manera que evidencie que se recuerda lo que dijo o hizo"* (Deighton, 1996).

Este nuevo tipo de mercadeo aprovecha los beneficios que trajo consigo la nueva era con la tecnología, que junto con el mercadeo tradicional hacen que las compañías tengas un mayor campo de trabajo para así acceder al público de forma más rápida y efectiva.

En el mundo de las redes sociales dentro de las empresas, lo fundamental esta en establecer un vínculo con sus clientes y futuros clientes, en donde se cree contenido y una conversación espontanea dentro de las comunidades virtuales que manejan.

Características claves que definen un servicio web 2.0: (Gamero, sin fecha)

- *Concepto de servicio, no tanto de software empaquetado, con escalabilidad rentable.*
- *Control sobre fuentes de datos únicos, y difíciles de replicar que se enriquecen a medida que más gente las utiliza.*
- *Confianza en los usuarios como co-desarrolladores. Usuario innovador.*
- *Aprovechamiento de la inteligencia colectiva. Orientación social y colaboradora.*
- *Procesos descentralizados y distribuidos.*
- *Etiquetado colectivo y colaborador de la información.*
- *Explotación de "The long tail" (la larga cola) mediante el auto servicio de cliente.*
- *Software no limitado a un solo dispositivo.*
- *Interfaces de usuarios, modelos de desarrollo y modelos de negocio ligeros.*

Es los ello la importancia que tiene la Web dentro de las empresas, ya que es un punto a favor, así como una gran ayuda para realizar marketing a muy bajo costo pero llegando a millones de posibles clientes, además de acercarse más a sus clientes actuales.

"Las Marcas se acercan a los medios sociales porque es donde está la gente. Toda la publicidad que nosotros hacíamos era para tratar de encontrar a la gente. Pero ahora se busca generar espacios para q la gente venga a compartir" (Da Silva, 2011).

Muchas empresas en Venezuela ya llevan el apellido 2.0, a esto se les conoce a aquellas compañías que van de la mano con las redes sociales y en conjunto con las comunicaciones digitales.

Se puede decir que Internet o la también conocida Web 1.0, dio la posibilidad de acceder todos los datos que están almacenados en cualquiera de los ordenadores conectados a la red Internet, mientras que la Web 2.0 ofrece dar información y crear a su vez información, la cual se puede compartir con otros usuarios conectados a la red.

2.3 Las Redes Sociales

La Comunicación a través de las redes sociales para las empresas modifico la forma de hacer mercadeo, ya que se encontraron con nuevos canales de comunicación online, haciendo que las empresas ya no solo tengan una página web, sino que también poseen cuanta en Facebook, Twitter, Instagram, youtube, etc. La forma de llegar y comunicarse con los clientes cambió, es por ello la importancia que debe prestar las empresas en el uso de las redes sociales, sin embargo las personas encargadas de realizar el mercadeo online debe saber que información desea recibir el cliente, a través de mensajes relevantes y dar solo aquella información que el público quiere y le interese recibir.

De acuerdo a Will Ostedt, presidente del Equipo de Expertos en Consumo Global B2C deWorldcom Public Relations Group, existen cinco tendencias emergentes para el Marketing en Redes Sociales las cuales son: (Ostedt, 2012):

1. Localización: Las empresas deberán de ser capaces de llegar con el mensaje correcto al consumidor, así como por la vía correcta, además de llegar con los valores y cultura correspondiente al consumidor, logrando así que los consumidores actuales y futuros muestre su amor a la marca, además de generar en ellos una intención de compra.

2. Filtrar el ruido: Las empresas deben hacerse escuchar por el público, que ellos sepan que existen y que están ahí para escuchar a sus clientes o futuros clientes. Es importante que las empresas entren en la preferencia de los usuarios en la Web, es decir, que el público se interese día a día en los comentarios que la empresa tenga por Facebook, Twitter, etc.

3. Calidad sobre cantidad: Es importante que las empresas envíen aquella información que es afín a sus clientes, ya que esto permitirá que el consumidor sienta una comunicación más directa y a fin con la marca de su preferencia.

4. Importancia del móvil: Debido a que muchas de las personas entran a las redes sociales por medio de un teléfono inteligente o de tablet electrónica, es importante que las empresas estén en constante comunicación en los medios online, es decir, en Facebook, Twitter, etc, y que respondan los mensajes de manera rápido y eficiente, ya que al público le gusta tener una respuesta en tiempo real.

5. Twitter: Toda empresa que use como vía de comunicación la Red Social Twitter, deberá tener una constante comunicación con sus seguidores, esta comunicación deberá ser diaria, además de que les permitirá aumentar la cantidad de usuario que los sigue al destacar su importancia con el público a través de sus mensajes y nivel de atención por este medio.

Las redes sociales dentro de una compañía se le pueden dar distintos usos, todo dependerá de lo que quiera el empresario, ya que en este medio *"Los clientes han descubierto un canal de comunicación sincero y honesto con la empresa, que responde a sus dudas, y la empresa ha descubierto un potente vehículo de comunicación y fidelidad y verdadero tesoro para cualquier compañía."* (Gamero, Ruth, 2011)

Los Sitios de redes sociales conocido por las siglas SRS han ido incorporando cada vez mayores aplicaciones como lo son: enlaces, imagines y videos, lo cual hace que el usuario se encuentre cada vez más interesados en ellas. Gracias a las redes sociales las compañías pueden estar más cerca de sus clientes sin necesidad de estar físicamente cerca de ellos pero logrando de manera significativa el establecimiento de vinculo y lealtad entre empresa-cliente.

"los SRS tienden a convertirse en grandes plataformas desde las que poder hacer casi todo para atraer al usuario y conseguir que pase más tiempo en ellas" (Arroyo-Vázquez, 2009)

En las redes sociales el usuario bien sea una persona natural o jurídica, es el que establece la identidad que va a mostrar al resto del mundo, es decir el usuario determina la medida de la identidad que reflejara en la red, así como los recursos, gusto, interés a publicar y compartir con el resto de los usuarios.

Las redes Sociales preferidas por las empresas para realizar campañas de Marketing son Facebbok y Twitter.

2.3.1 Facebook – Encuentro Social

Es un sitio web creado por Mark Zuckerberg, (Creador de la Red Social Facebook) el cual tenía como objetivo principal abarcar únicamente a estudiantes de la Universidad de Harvard. Pero con el tiempo se trasformo en más que eso, es decir, hoy en día facebook es un espacio de encuentro social, en donde se comparte información personal, sentimental, fotos, enlaces de interés, entre otras cosas, es de libre acceso, cualquier persona que posee una cuenta de correo electrónico y conexión a internet podrá tener acceso a Facebook.

Facebook no sólo está siendo usada por personas que comprarte su vida a través de este medio, si no que muchas son las empresas que han aprovechado esta vía de comunicación para realizar sus campañas de publicidad, atraer nuevo público y compartir información con su consumidor ó futuro consumidor. De esta manera las empresas usan este medio para crear un mercadeo directo con sus consumidores, tener una vía de comunicación directa con ellos y adicionalmente se consiguen hacer marketing a un bajo costo.

En la Red Social Facebook las empresas deben contar con ciertos parámetros o acciones que les ayuden a garantizar el éxito del marketing por esta vía de comunicación, es por ello que la Compañía Altimeter Group de investigación y asesoría de mercado, crea 8 criterios que son fundamentales para lograr una buena estrategia social de construcción de cualquier marca dentro de Facebook.

Existen 8 criterios fundamentales para que una empresa pueda tener éxito en el Mercadeo realizado por Facebook:

21

1. Establecer las expectativas de la comunidad: Es preciso que una compañía cuando entre en Facebook determine como serán los criterios y métodos a usar en su block, con el fin que los fans conozcan como será la metodología a usar y así no crear falsas expectativas.

2. Llevar a cabo acciones cohesivas: La imagen que creará la marca en Facebook deberá ser acorde a la misma que maneja en otros medios, como por ejemplo: la pagina web de la compañía, la imagen presenta en vallas publicitarias, revistas, etc, ya que de esta manera hace más fácil al público reconocerla, además de permitir diferenciarse del resto de las marcas.

3. Mantener la página actualizada: Es fundamental que la información que presenta la compañía en la web este totalmente actualizada, esto indicará al público que la compañía está presente en ella, escucha los comentarios y les interesa tener un contenido actual para sus fans.

4. Dotar los post de autenticidad: Es importante que las empresas creen confianza en los consumidores, por medio de interacciones personalizadas, esto lo logra llamando a sus fans por su nombre real al contestar los mensajes personalizados, al hacer esto los usuarios sentirán que están hablando con una persona y no con una empresa.

5. Participar en el diálogo: Los usuarios en Facebook se comunican por medio de conversaciones, es por ello que las empresas deberán acostumbrarse a este tipo de comunicaciones en dialogo. Por otro lado es importante destacar que las conversaciones en Facebook generan impactos en cascada ya que por lo general se van sumando nuevas personas a las conversaciones, al tener este tipo de comunicación las personas sienten una cercanía directa con la compañía un que esta sea a través de conversaciones en diálogos.

6. Promover las interacciones Peer-To-Peer: Las empresas deberán promover las participación del público a través de conversaciones por el muro en Facebook, con el fin de que el cliente hable de las experiencias positivas que ha tenia con el producto, de las características que le gusta de él, etc.

7. Buscar la representación de los clientes: Es importante que los clientes actuales se encuentren satisfechos y comprometidos con la marca, ya que esto permitirá que los mismo clientes hagan marketing de la empresa, lo que se conoce como un boca a boca ya que al tener buenas experiencias de compra con la empresa estos los comunicaran a sus amigos y conocidos.

8. Lograr ventas: Todo objetivo del Marketing se resume en generar nuevas ventas, es por ello que Facebook es una buena herramienta para estar en contacto permanente con sus clientes y dar promociones a través de esta vía Web. Por ejemplo: descuentos especiales o servicios a los amigos que se encuentren en Facebook, así como la realización de promociones y rifas con el fin que se encuentren interesados en el espacio de amistad y cercanía a través del medio que se ofrece por Facebook.

2.3.2 Twitter – Reportero Mundial

"Twitter es una red de información en tiempo real que te conecta con las últimas historias, ideas, opiniones y noticias sobre lo que encuentras interesante...." (Coro, 2011)

"Twitter conecta a empresas con clientes en tiempo real y las empresas utilizan Twitter para compartir rápidamente información con personas interesadas en sus productos y servicios, para reunir inteligencia empresarial y retroalimentación en tiempo real, y para construir relaciones con clientes, socios y personas influyentes. Desde el reconocimiento de marca al CRM o a las ventas directas, Twitter ofrece a las empresas una forma sencilla de llegar a un público comprometido." (Coro, 2011)

Otra red social que está siendo muy usada por empresas para la realización de campañas y anuncios publicitarios, así como información de productos y servicios, es Twitter, el cual también es un espacio en red pero que tiene como función única el envío de mensajes cortos e instantáneos, estos son llamados tweets, que para poder obtener una información más completa se deberá ir al enlace en donde estará toda la reseña, por tal motivo se le denominan un microblogging. En el mundo del Twitter existen los seguidores que son aquellos que siguen a un usuario y le llegara de manera directa los Tweets que estos emitan.

¨La empresa de investigación de mercado Pear Analytics, con sede en San Antonio (Texas), analizó 2.000 tweets (procedentes de los Estados Unidos y en inglés) durante un período de dos semanas de 11:00 a p a 5:00 (CST) en agosto de 2009 y los separó en seis categorías: (Coro, 2011)

- *Noticias – 40%*
- *Conversaciones – 38%*
- *Retweets (RT) o mensajes repetidos – 9%*
- *Autopromoción – 6%*
- *Correo basura (spam) – 4%*
- *Palabras sin sentido – 3%¨*

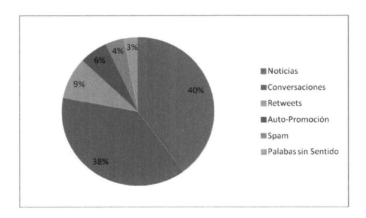

Figura 2.4-Porcentaje de las diferentes categorías de Tweets

Fuente: (Producto, Julio 2011)

En Venezuela vemos a distintas empresas que usan estas vías de comunicación (Facebook y Twitter) para realizar mercadeo en red y darle al público información continua del producto ó servicio que ofrecen, así como cualquier novedad que posean.

"La influencia de este sitio web ha llegado a tal punto que ya es considerado entre los medios como una revolución social, sobre todo entre la juventud de a finales de los años 2000 por su innovadora forma de comunicarse a través de la Web." (Coro, 2011)

De acuerdo a un estudio realizado por la Revista "PRODUCTO" Edición de Julio 2011 por Ángel Coro Zambrano, hace una división del las personas que utilizan Facebook y Twitter en Venezuela:

2.3.3 Grupos en las diferentes redes sociales

- **Facebook**: Divididos en 3 grupos:

1. Socializadores (40%): Son personas que utilizan las redes sobre todo para desarrollar relaciones sociales.

2. Multimedia (36%): Personas que principalmente publican contenido multimedia. Es un grupo muy visual cuya principal actividad es realizar y compartir videos y fotografías, también son los más proclives a compartir contenido multimedia que venga de otros usuarios o de **empresas**.

3. Marketers (24%): Grupo cuya razón de ser en las redes es promoverse a sí mismo en como profesionales o **promover una empresa**. Al igual que los socializadores, también socializan y publican fotos y videos, pero su principal objetivo es la promoción personal o empresarial.

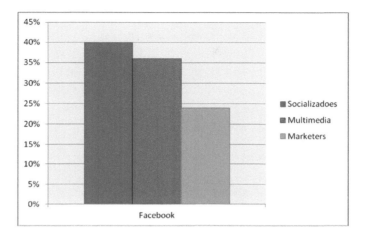

Figura 2.5-Porcentaje de los tipos de usuario en Facebook

Fuente: (Producto, Julio 2011)

- **Twitter**: Divididos en 5 grupos:

1. Followers (30%): Personas principiantes que se están iniciando en el uso de la red social

2. Información y opinión (29%): personas que están pendientes de las noticias y opiniones que emiten periodistas y políticos. A diferencia de los Broadcasters, los usuarios información y opinión si entablan conversación a través de la red social.

3. Broadcasters (16%): Personas que utilizan esta red para hacer lo más parecido a lo que hacen los medios tradicionales, como lo es emitir opiniones e información, cumpliendo funciones de emisor en el esquema de comunicación de masas Emisor – Receptor.

4. Sociales Multimedia (13%): Grupo compuesto por utilizan el Twitter para compartir fotos y videos....

5. Marketers (12%): Al igual que el segmento anterior del Facebook, son personas cuyo principal objetivo en la red es la promoción personal o empresarial. Ven el Twitter como una herramienta para hacer publicidad y mercadeo.

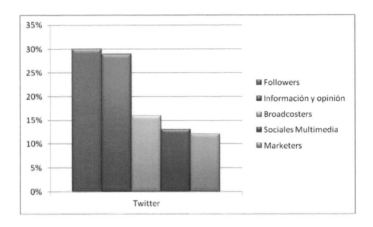

Figura 2.6-Porcentaje de los tipos de usuarios Twitter

Fuente: (Producto, Julio 2011)

La empresa Tendencia Digitales unió estas informaciones de estos 2 grupos para así obtener el perfil general de los usuarios en Venezuela:

1. Grupo de entrada: Compuesto por Followers en Twitter y socializadores en Facebook.

2. Grupo de Negocio: Compuesto por Marketers en Facebook y Twitter.

3. Grupo Activo: Compuesto por Multimedia en Facebook, Broadcasters en Twitter, Sociales multimedia en Twitter e información y opinión en Twitter.

Este estudio realizado por la empresa anteriormente mencionada, indica que sí es importante la presencia en las redes sociales y en la web, la tecnología entró ya en nuestras casas y las empresas se deberán adaptar a los nuevos cambios si quieren permanecer en el mercado, y así poder darse a conocer ante las nuevas generaciones que están naciendo.

En el área del Twitter muchos son los cantantes que usan este medio para promocionar las fechas de sus giras, el cual es una forma de hacer mercadeo, entre estos artistas están:

@Ladygaga, @justinbieber, @britneyspears, entre muchos otros personajes, y no sólo están ellos, también se encuentran diversas empresas Venezolanas que usan las redes sociales para lanzar o promocionar algún producto o servicio, Algunas de las empresas que utilizan el Twitter y Facebook en Venezuela para hacer Marketing son:

- Empresa Evenpro: La cual está destinada a la organización de eventos tanto musicales como de teatro ó deportivos. Su cuenta en Twitter es *@Evenpro* y en Facebook: *es-es.facebook.com/evenpro*

- Empresas Polar: Encarga de la elaboración, producción y distribución de productos alimenticios. Su cuenta en Twitter es @EmpresasPolar y en Facebook: *es-es.facebook.com/empresaspolar*

- OpenEnglish: Orientada a la enseñanza de idioma Ingles por medio de internet, Su cuenta en Twitter es @OpenEnglish y en Facebook: *es-es.facebook.com/openenglish*

- Caracas Cup Cake: Destinada a la venta de Cupcakes. Su cuenta en Twitter es @caracascupcake y en Facebook: *es-es.facebook.com/pages/The-Cupcake-Factory*

28

Fuente de Tendencias Digitales, indican lo siguiente:

- 10.850.000 Venezolanos están conectados a la Web.
- 8.300.000 están suscritos en Facebook.
- 2.300.000 Venezolanos entre personas natural y jurídica tienen presencia en Twitter.

2.4 Mercadeo en la red

Habla de hacer las campañas de publicada a través de medios digitales y sociales, como sería mostrar ó dar a conocer un producto ó servicio a través de una página web, cuenta en Facebook ó cuenta en Twitter.

Estas vías de comunicación están teniendo mucho auge y el público joven está muy atento a lo que sucede a través de este medio, además de que es muy económico realizar campañas y posee un fuerte impacto.

El personal de la "Web Mercadeo Interactivo" plantea que para las empresas pequeñas el Facebook tiene potencial, pero ya para las empresas grandes, el Twitter tiene mayor firmeza, ya que abarca mayor espacio para ellos.

*"La gran tarea de las agencias en la actualidad es hacerle entender al anunciante que la aproximación a los medios digitales no es trasladar al calco lo que se hacía antes, sino adaptarlo al nuevo lenguaje...."*señala Carlos Rusconi - Vicepresidente de Creación del Grupo Ghersy.

Este nuevo tipo de mercadeo aprovecha los beneficios que trajo consigo la nueva era con la tecnología, que junto con el mercadeo tradicional hacen que las compañías tengas un mayor campo de trabajo para así acceder al público de forma más rápida y efectiva.

¨Las Marcas se acercan a los medios sociales porque es donde está la gente. Toda la publicidad que nosotros hacíamos era para tratar de encontrar a la gente. Pero ahora se busca generar espacios para q la gente venga a compartir¨ (Da Silva, 2011).

Las compañías que realizan campañas de Marketing a través de las Redes Sociales deben saber que es muy importante el contenido que manejen con sus fans y la intención que realicen, así como los días y horas para dar mensajes publicitarios en las redes sociales, ya que en tiempo en el tiempo en el que se haga el marketing va a ser fundamental para garantizar el éxito de la campaña ó el mensaje que deseen dar a sus seguidores. Es por ello que existen días específicos para hacer campaña de publicidad bien sea por vía Twitter o Facebook, por ejemplo los días martes son buenos para hacer campañas en redes sociales ó por vías online ya que este día las personas entran a ver sus cuentas de redes sociales y enterarse de los acontecimientos del fin de semana, por otro lado el día viernes los expertos en redes sociales coinciden que este día no se debe realizar campañas online ya que las personas están enfocadas en los planes del fin de semana, por otro lado se considera que la mejor hora para hacer Marketing en Facebook está entre 10 p.m. y 12 a.m. y para la Red Social Twitter el mejor horario está entre 05 a.m.-06 a.m. y 07 a.m.- 08 a.m.

2.4.1 Características del nuevo mercadeo, cambiante interactivo (Bucarito, 2011)

- *Mayor Autoestima del Consumidor: La audiencia decide a cuáles mensajes se expone, cuándo lo hace y cómo lo consume.*

- *Diálogo Permanente: Atrás queda el mensaje unidireccional de agencias y anunciantes. Se impone una conversación abierta, horizontal y directa con el público, que de manera instantánea revelara aciertos y desaciertos de las campañas.*

- *Publicidad Global: Las referencias publicitarias ya no son locales, lo que reta a los publicistas a medirse globalmente.*

- *Publicidad construida por la sociedad: No todo se puede planificar. Se hace una propuesta inicial, se monitorea y se mide, pero el rumbo siempre lo determina la gente a través de su respuesta y opinión inmediata.*

- *Necesidad de Conocimiento: Las agencias no sólo deben convencer a las audiencias, sino también a los anunciantes, quienes se resisten al cambio digital por desconocimiento.*

- *Cambios Generacionales Confluyentes: Las Redes Sociales en internet son ecosistemas populares donde todos estamos conectados intercambiando experiencias, independientemente de la edad y las diferencias culturales.*

- *Integración de Plataformas: No se trata de sustituir modelos o medios, sino de sumar los aportes de cada uno de ellos para ampliar y potenciar las experiencias de los consumidores.*

Las marcas deben adaptarse a los tiempos si quieren permanecer en boca del público, y esto lleva a que tienen que estar en la Web, ya que internet ha entrado al mundo y a la vida de cada individuo de casi todo el planeta, bien sea que lo utilicen como un medio para dar información en la web o simplemente para recibir información, como dicen muchos empresarios que están ya en la web *"Si una empresa no está en Internet no existe".* (Bucarito, 2011)

Hoy en día en Venezuela muchas son las empresas que tienen presencia en Internet, entre ellas están el área de la banca, farmacias, hoteles, licores, entre muchas otra; toda esto con el fin de conocer mejor a sus clientes y a la vez atraer nuevos.

Sector	Objetivos
Telecomunicaciones	Posicionamiento de la marca Promociones de productos y servicios Ofrecer servicios *online* y atención al cliente Comercio electrónico
Banca	Reforzar el posicionamiento de la marca Ofrecer servicios de transacciones bancarias Informar sobre productos, servicios y promociones Fidelizar a los clientes
Alimentos infantiles	Construir valor de marca Buscar canales de interacción con el público infantil Generar comunidad de usuarios
Bebidas	Construir valor de marca Poner en evidencia los atributos del producto
Bebidas alcohólicas	Posicionamiento de marca y productos Promociones dirigidas al mercado objetivo Medio alternativo por regulación
Cuidado femenino	Construir el capital de marca en el mercado objetivo femenino e infantil Acompañar al mercado objetivo en la prueba y uso adecuado del producto Fidelidad y confianza en la marca
Organización de eventos	Convertirse en portal especializado en deportes y actividades al aire libre Medio de comunicación y espacio de promoción de terceros
Institución académica	Fortalecimiento de la marca Promoción de productos y servicios en línea

Figura 2.7-Objetivos del sector industrial al realizar Mercadeo en la Web 2.0

Fuente: (Auletta, 2009)

La propuesta que trae consigo esta nueva forma de mercadeo, es que se pueda tener respuesta por parte del público o también llamado cliente, que digan sus opiniones, qué les gusta, que crítica existe hacia el producto o servicios que se está ofreciendo, en fin, que la persona tenga una vía directa de comunicación y participación con la empresa.

La Web 2.0 cada día está tomando más fuerza y auge. El internet es punto de encuentro para dar y conocer la noticias atreves de Facebook, Twitter y págs. web, entre otros medios digitales.

Con el tiempo los avances tecnológicos han sido inmensos y esto ha generado que exista cambio en materia en que da a conocer una noticia, producto o servicio.

Para poder desarrollar una estrategia de E-Marketing, también conocido como Marketing por Internet, es necesario tener en cuenta cuáles son las estrategias de la empresa, es decir, los objetivos de Mercadeo y situación actual de la misma.

El mercadeo por internet va a permitir tener una comunicación mucho más fluida y rápida con el cliente, a través de la Web 2.0 o de las redes sociales (Auletta, 2009).

Para que una empresa pueda desarrollar las estrategias del E-Marketing, es importante tomar en cuenta sus 5 procesos (Auletta, 2009):

1. La empresa debe conocer cuál es su análisis situacional.

2. Establecer cuáles son los objetivos que desea alcanzar con el E-Marketing (a dónde quiere llegar). Este punto es sumamente importante, ya que nos dice qué es lo que se desea alcanzar, a qué punto se quiere llegar. Por ejemplo: Captar nuevos clientes, posicionarse en el mercado, dar a conocer la marca, entre otros.

3. Como va a lograr esos objetivos, propuestos en el paso anterior.

4. Desarrollo de la estrategia.

5. Medición del resultado.

En el artículo publicado por Nunzia Auletta para la revista del IESA, se indica que, en "Estados Unidos el 87% de los gerentes de mercadeo entrevistados afirma que el mercadeo interactivo resulta muy efectivo para vender productos y servicios online para llevar tráfico al sitio. Un 79% lo considera efectivo para manejar promociones al consumidor. Un 64% para construir relaciones y lealtad y finalmente, un 56 por ciento para crear reconocimiento de marca." (Auletta, 2009)

Las estrategias existentes en el mercadeo a través de Internet son múltiples, dentro de las cuales están las tradicionales, como envió de correo electrónico, avisos como banners, pop-ups, etc. Entre las novedades de este tipo de mercadeo, se encuentra la interactividad que posee el usuario, donde éste es el único protagonista dentro del mercadeo de un producto, ya que permanentemente se mantiene el contacto mediante concursos, juegos, participación en blog, buscando al final que el usuario se sienta identificado con el producto.

Algunas de las vías del mercadeo en la Red son:

✓ Correo Electrónico: *"Este es uno de los medios más utilizados, por su bajo costo y facilidad de uso...."* (Ramsés, 2009)

✓ Videos Digitales: Como los videos que se presentan en Youtubee, que hace que el cliente ó futuro cliente pueda conocer un poco más a la empresa y verlo en el momento que desee y cuantas veces el lo quiera.

✓ Redes Sociales: El impacto que ha tenido las Redes Sociales como Facebook, ha sido tan grande que se ha convertido en un espacio para que las empresas mercadean sus productos y servicios.

Muchas empresas hacen uso de esta herramienta para así mantener un contacto directo con sus clientes y que éstos a su vez se identifiquen con ellos.

"Las recomendaciones en sitios como Facebook y MySpace, además de ser explícitas y voluntarias, pueden ser implícitas e involuntarias. Cuando las recomendaciones son explícitas el mercadeo puede entenderse como el tradicional «boca a boca» (rebautizado ahora como «mercadeo viral» en internet), pero potenciado por la facilidad de enviar y reenviar mensajes masivamente a una lista de amigos y por el enriquecimiento de los mensajes con elementos multimedia. Con frecuencia, en estas comunidades los usuarios se envían invitaciones a eventos, videos, imágenes y pequeñas aplicaciones (programas que pueden incorporarse a las páginas, conocidos como widgets o gadgets) sobre marcas y productos para el consumo virtual" (Ramsés, 2009)

"Por ejemplo, se puede enviar una imagen de una taza de capuchino de Starbucks, sin el olor ni el sabor, pero con varias emociones asociadas. Una de las principales tareas de quien hace mercadeo directo en estos medios consiste en facilitar el envío viral de este tipo de mensajes, suministrando información sobre los productos, elementos multimedia o aplicaciones relacionadas con la marca." (Ramsés, 2009)

Este cambio de realizar marketing a través de las redes sociales o Web 2.0 está ocurriendo en la mayoría de los países, con la llegada de la era digital y el avance de la tecnología, las personas quieren hacer todo por este medio y los Smart Phone y tables lo facilitan, los empresarios deben adaptarse a lo que está sucediendo y llevar su publicidad no solo por la vía tradicional, sino por el área digital también y de esta manera no quedar fuera del mercado.

"En el estudio Interactive Marketing» que realiza trimestralmente la empresa Forrester en Estados Unidos, el 87 por ciento de los gerentes de mercadeo entrevistados afirma que el mercadeo interactivo resulta muy efectivo para vender productos y servicios online y para llevar tráfico al sitio, un 79 por ciento lo considera efectivo para manejar promociones al consumidor, un 64 por ciento para construir relaciones y lealtad, y un 56 por ciento para crear reconocimiento de marca. Sin embargo, su efectividad se considera definitivamente menor para generar ventas offline (50 por ciento) o para llevar tráfico a una tienda (47 por ciento)." (Auletta, 2009)

En Venezuela está ocurriendo algo parecido y no solo a nivel informativo, sino a nivel comercial, nuevas páginas web como aprovecha.com y derremate.com están teniendo diariamente millones de visitas debido a la publicidad y a los precios que se ofrecen en productos y servicios.

".....volcamiento masivo hacia los medios sociales explica por qué los ingresos publicitarios de los medios sociales han sobrepasado a los de los medios tradicionales....." *(Autella 2009)*

35

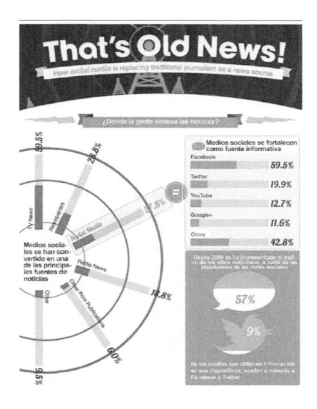

Figura 2.8-Indicadores de medios sociales para obtener información

Fuente: (InsideTelecom, 2012, Vol.XII)

¨El director general de WAN-IFRA South West (World Association of Newspapers and News Publishers), Olivier Bourgeois, dijo en Madrid que el gasto publicitarios destinado a soporte de papel tiende a converger con el realizado para el formato digital. Es previsible que en 2013 ambas líneas de gasto sean iguales, y a partir de este año la de digital supere a la de prensa impresa¨ (InsideTelecom, 2012, Vol.XII)

Esto sucede debido a que las empresas sin importan el tamaño que tengan, se han dado cuenta de la gran importancia que tiene la presencia en internet, bien sea a través de Facebook, Twitter, Youtube ó simplemente teniendo su página web.

Aproximadamente 10.850.000 Venezolanos están conectados a la Web.

- 8.300.000 están suscritos en Facebook.
- 2.300.000 Venezolanos entre personas natural y jurídica tienen presencia en Twitter.

El cliente siente que si un producto o servicio tiene presencia en la Web es de confianza y si además este tiene redes sociales en donde exista un feedback, esa retroalimentación, hará que el cliente se sienta identificado y escuchado por la empresa.

La mayoría de las personas comprendidas entre los 18-40 años usan el medio digital para enterarse de los acontecimiento que ocurren dentro y como fuera del país, y esto es algo que deben de aprovechar los empresarios para que sus marcas están por estas vía de información digital. Facebook es uno de los medios digitales más usados, 8.300.000 están suscritos en este sitio, además esta vía es muy popular para que los pequeños empresarios realicen sus campañas de marketing. Otro medio que cada día tiene mayor cantidad de usuarios es Twitter en el cual es una fuente excelente para que el consumidor tenga una comunicación directa con el empresario.

"El modelo Telco 2.0 y la web 2.0 dan a los consumidores un papel activo en el cual priva la inteligencia colectiva, creando una estructura de walled gaarden, la cual flexibiliza los roles de los principales actores. Por un lado el operador y los proveedores de equipos terminales, por el otro lado las aplicaciones, los App´s Store y el usuario, este último que pasa a generar servicios, no solo a consumirlos. Nproveer interfaces abiertas, orientadas a servicios, con modularidad y soporte para entornos heterogéneos, permite que, tanto los operadores como los consumidores puedan desarrollar y obtener sus propias funcionalidades" (InsideTelecom, 2012, Vol. XII)

"Mientras que para los operadores y proveedores de servicios corporativos el factor diferenciador es la oferta de una serie de recursos que agreguen valor y calidad a la plataforma, para que los consumidores finales la generación de valor proviene de sus interacciones sociales, publicitando, compartiendo y mejorando servicio." (InsideTelecom, 2012, Vol. XII)

Con esto se trata de darle más poder de decisión al consumidor, un papel activo en todo el proceso de la web y crear así un mercado de negocio. Ya son muchas los pequeños empresarios que comenzaron sus campañas de mercadeo atreves de las redes sociales y dar así a conocerse dentro del mercado.

Ya es común buscar una empresa en la web y de esta forma saber más de ella, conocer como su historia, años de fundada, productos ó servicios que ofrece, ubicación, teléfono de contacto, así como facebook y Twitter para de estar forma tener una vía rápida y directa de comunicación.

"En el año 2012, las decisiones se centraran en los análisis de mercado basados en la estructuras de colaboración en la web.........No se trata simplemente de información, se trata de potenciar aún más la flexibilidad en la decisión en cada acción del proceso de negocio" (InsideTelecom, 2012, Vol. XXI)

2.5 Marketing Manager en las Redes Sociales

El Marketing Manager en las redes sociales, es un término muy nuevo en el mercado, ya que este nace de la necesidad que tienen las empresas de realizar un buen uso de las Redes Sociales y de transmitir la información de manera correcta y eficiente, pero a su vez de una forma cercana al cliente (los consumidores) es por ello que se requiere tener un personal dedicado y especializado a hacer publicidad en la Web 2.0 y dar la información de manera significativa y oportuna, pero de una forma seria y responsable. Este concepto también es conocido con el nombre de Comunity Manager.

La diferencia que existe entre ambos conceptos es que el Marketing manager hace exclusivamente las actividades del mercadeo, mientas que el Comunity Manager es usado especialmente por empresas grandes y este es una especie de hibrido entre los departamentos de venta y mercadeo de una compañía, pero que de igual manera este último tiene a su cargo todo el mercado en la Red (Web2.0).

Existen compañías que se dedican exclusivamente a realizar la tarea de Marketing por la Web 2.0, estas empresas se encargan de ser en Marketing Manager de la compañía que solicite sus servicios. Su objetivo principal es dar a conocer los productos, bienes o servicios, a nivel nacional o internacional.

El *Comunity Manager* o Marketing Manager, es la persona encargada de ser la cara de la marca, dentro de la empresa, ya que la empresa se muestra de una manera más cercana, directa que está a favor de los usuario, él quiere escucharlos y saber en qué se puede mejorar, que gusta o disgusta de la marca, especialmente las empresas grandes prefieren un *Comunity Manger* a un Marketing Manager.

El perfil que debe tener el Marketing Manager o Comunity Manager es:

- Trabaja con la comunidad.
- Administra la comunicación con la comunidad.
- Esta encargada de traer nuevos seguidores o usuarios.
- Es la voz oficial dentro de las redes sociales.
- Ellos escuchan a la audiencia, hacen un chat con sus seguidores para saber que les gusta o disgusta de la marca, que esperan de ella, etc.
- Se comporta en todo momento antes las críticas que se hacen en la red y sabe cómo reaccionar ante ellas de la mejor forma ante el usuario.

Las compañías que ofrecen ser el Marketing Manager o *Comunity Manager* deben:

- Usar de manera correcta y eficiente las redes sociales, como lo es Facebook, Twitter, Instaram, Youtube, entre otras que crea ser de importancia para la promoción de bien o servicio a ofrecer.

- Uso de los banners y anuncios en páginas web relacionada con el mercado al que se desea llegar.
- Envío de información por correo electrónico.
- Entre otras aplicaciones que el Marketing Manager considere necesarias.

Una empresa dedicada a este tipo de actividad es la compañía "Pumpmybiz" la cual nace para posicionar en el mercado las empresas en línea, promoviendo a que forme parte de la nueva modalidad de negocio en la era digital y generando a su vez tráfico de visitas hacia la página web de la compañía que solicite sus servicios.

Esta empresa se encarga de ser el Marketing Manager *gestiona de manera responsable la identidad y reputación digital a través de campañas en línea que combinan*:

- *Uso inteligente, creativo y eficaz de las redes sociales que se adecúan al negocio a tratar.*
- *Inversión publicitaria (banners y anuncios en páginas web relevantes a la industria).*
- *Colocación y posicionamiento en buscadores locales o internacionales.*
- *Creación de logotipos, slogans, páginas web en Flash, HTML y para dispositivos móbiles y tablets!* (http://www.pumpmybiz.com)

La creación de este tipo de compañía, muestra la importancia que existe en el mercado de hacer marketing a través de la Web 2.0, ya cada día este medio está tomando más fuerza y auge, por lo que es importante para una empresa tener presencia en la Web.

Existen empresas ó marcas que abordan a personalidades influyentes en el medio de la web (especialmente para hablar por la red Twitter) para que le hagan publicidad de forma natural a un bien o servicio, ya que el alcance que puede tener un mensaje en la web es mucho mayor al que se pueda tener por otro medio.

El alcance que puede tener un mensaje en la Red Twitter es indescriptible, ya que un mensaje puede ser retwittiado por los seguidores a los que se les mando en un principio él y así ellos dan a conocer el mensaje a todos sus seguidores, creando un cadena de usuarios infinita, sumando de esta forma nuevos personas a las que les llega el mensaje. Para que un mensaje pueda ser difundido por los seguidores debe contener información de valor y de interés social.

Si una empresa tiene presencia en Facebook y Twitter, no implica que va a mejorar su mercado o vender más de sus bienes o servicios, ya que si no sabe como comunicase, hablar y trasmitir la información en las redes sociales no creara ningún efecto en la marca, es por ello la importancia de un experto del área como lo es el Comunity Manager o Marketing Manager.

2.6 Tendencias mundiales esperadas en el año 2012 que impactarán las estrategias de marketing en las organizaciones

Para principios del año 2012 los expertos en el área de Redes sociales plateaban sus presentimientos para ese año, determinando cuales serian las tendencias de las redes sociales para el área empresarial y de los negocios.

Desde comienzos de este año, se esperaban grandes cambios en el área del marketing debido a la importancia y al impacto que están teniendo las redes sociales dentro de los negocios y empresas alrededor del mundo.

Las tendencias mundiales esperadas en el año 2012 que impactaran las estrategias de marketing en las organizaciones son: (Waba, 2012)

1. *Las redes sociales empezaran a ser tomadas en serio por las compañías: Algo a lo que no se le prestaba atención, ahora hace parte de la agenda de muchas organizaciones que saben que deben empezar a participar de manera activa y con una clara estrategia.*

2. *Se incluirán las redes sociales en los planes de mercadeo: Evolucionan de ser simples acciones táctiles que apoyan el lanzamiento de un nuevo producto o una actividad específica, para convertirse en un eje estratégico sobre el cual trabajar todo el año para construir comunidades, generar involucramiento y lograr preferencia por la empresa y sus productos.*

3. *Facebook rondará los 1000 millones de usuarios y se basara más en la relevancia: el crecimiento vendrá de los segmentos adultos, apoyado también por la inclusión de múltiples aplicaciones en Facebook para usos empresariales.*

4. *Google+ será una red en la que tendrá que estar: Google+ (o Google Plus) es la red social que lanzo Google a mediados del 2011, la cual alcanzará en el 2012 una mayor madurez. Inicialmente estuvo sólo disponible para perfiles personales y a partir del pasado Noviembre del año 2011 entró en pleno funcionamiento la opción de crear paginas para empresas.*

5. *Las empresas conversaran más con sus consumidores: Las compañías pasarán de simplemente arrojar información a las redes a entablar conversaciones.*

6. *Las redes sociales impactaran más la decisión de compra: La presencia de las compañías en las redes sociales y su permanente interacción con clientes y prospectos generará una mayor disposición de los consumidores a adquirir una marca o utilizar un determinado servicio.*

7. *La inversión en redes sociales se incrementara: para una mayor interacción con las comunidades, un mayor impacto en la decisión de compra y una presencia más robusta en las redes.*

8. *Se hará mayor medición del retorno de inversión en las redes sociales: las redes sociales pasarán de ser simplemente un lugar para interactuar con los clientes o prospectos a un generador de oportunidades concretas de negocio.*

9. *Mayor interacción desde dispositivos móviles: La creciente penetración de teléfonos inteligentes (Smartphone) y tablets hará que el número de personas que interactúan en las redes sociales a través de estas disposiciones se incremente de manera sustancial.*

10. *La penetración de las redes sociales en la población se incrementara: Esto por dos razones, la primera por el paulatino incremento en la penetración de internet en los países de América Latina y la segunda, por la mayor disponibilidad de redes sociales con fines diferentes a los tradicionales ofrecidos por Facebook y Twitter.*

Estas tendencias se contrastarán con el trabajo de campo a realizar en el desarrollo de la tesis, lo cual permitirá saber cuáles de ellas se cumplen en el mercado Venezolano.

CAPÍTULO III
MARCO METODOLÓGICO

En este capítulo se presenta el plan de trabajo, así como las estrategia a usar, diseñado para dar respuesta a los objetivos específicos y generales y poder así determinar la importancia y el impacto que tiene la web 2.0 sobre la sociedad y en las empresas Venezolanas al momento en que realicen Marketing por estas nuevas vías de comunicación.

3.1 Tipo de Investigación a implementar

Para poder dar respuesta a los objetivos específicos y a sus interrogantes, se debe realizar un trabajo de campo, realizando este tipo de estudio se podrá determinar si existe un impacto en la sociedad sobre el mercadeo hecho en las redes sociales y la importancia que tiene para las empresas el realizar mercadeo por la web 2.0.

El trabajo de campo presentado será una investigación tanto de tipo exploratorio como descriptivo; adicionalmente se utilizará una investigación de tipo relacional, manejando las variables del mercadeo tradicional junto con el mercadeo a través de la Web 2.0, así que se deberá también realizar una investigación de tipo relacional.

Se utilizará la investigación de tipo *exploratorio* (Sabino, 1994), con el fin de identificar la forma como las empresas realizan su mercadeo, forma de dar a conocer su marca e identificar por qué nace el concepto de la Web 2.0 y el efecto e importancia que tiene este tipo de mercadeo en la sociedad.

Por otra parte se utilizará una investigación *descriptiva* (Hernández Sampieri, Fernández & Baptista, 1997), con la finalidad de conocer la forma como se realiza el mercadeo, se da a conocer la marca y cuál es la influencia que ha tenido el mercadeo a través de la Web 2.0 en las distintas empresas de Venezuela.

El último tipo de investigación a implementar será de tipo *relacional*, con la finalidad de analizar las ventajas y contras que pueda tener el mercadeo utilizando la Web 2.0 respecto al mercadeo tradicional.

Estos 3 tipos de investigaciones (Exploratorio, Descriptiva y Relacional), van a permitir concluir la forma de manejar el mercadeo en el siglo XXI.

3.2 Diseño de la investigación

La investigación se basara en una averiguación por medio de libros, revistas científicas y encuentras, a través de un trabajo de campo tanto a personas naturales como a personas jurídicas.

En cuanto al trabajo de campo, la investigación será un diseño de modalidad no experimental, ya que los resultados que se obtengan a través de las encuestas realizadas a personas naturales y personas jurídicas no serán manipulados y con los resultados de estos, junto con la investigación relacional se podrá determinar cómo funciona el mercadeo y el impacto que tiene en la sociedad Venezolana.

El trabajo de campo a personas Jurídicas se tratara bajo un diseño de modalidad No Experimental con clasificación transversal, esta "es una investigación sistemática y empírica en la que las variables independiente no se manipulan porque ya han sucedido" y la investigación transversal o transaccional permite "recolectar datos en un solo momento y tiempo único" (Hernández Sampieri, Fernández & Baptista, 1997) este tipo de investigación permitirá conocer como las empresas Venezolanas de distintos ramos realizan su mercadeo y dan a conocer su marca.

Se entrevistará al personal encargado del mercadeo en distintas empresas venezolanas y con los resultados se conocerán cuales son las técnicas usadas para realizar su mercadeo y analizar si existen ventajas al realizar mercadeo por la Web 2.0 sobre el mercadeo por la vía tradicional.

La información suministrada en revistas, vallas y por otro medio de publicidad, va a permitir, junto con el trabajo de campo, analizar el uso de las redes sociales en las empresas como herramienta del marketing y la importancia que el usuario de redes sociales (Facebook y Twitter) le da a la publicidad hecha por estas vías. Mediante esta investigación se analizarán dos variables para medir, si las empresas emplean una o ambas vías para mercadear sus productos ó servicios y el impacto que tiene esta publicidad para las personas naturales.

3.3 Diseño de la muestra

La muestra del trabajo de campo para poder conocer la importancia que le presta el público Venezolano al mercadeo por medio de la web 2.0, específicamente al que se realiza en Facebook y Twitter, será bajo el modelo de la Escala de Likert, en base a 100 individuos y estará constituida por hombres y mujeres mayores de 16 años pertenecientes al territorio Capital de Venezuela, será de tipo aleatorio, sin importar el estrato social o nivel académico que tenga.

El estudio será de tipo probabilístico simple al azar y el tamaño de la muestra se tratara bajo la siguiente fórmula:

$N = (Z^2 \times S^2) / e^2$

N = Tamaño de la muestra

Z = Error estándar asociado

e = Error muestral deseado

Datos: e = 10% $S^2 = 0,25$ Z 95% = 2

$N = ((2)^2 \times 0,25) / (0,1)^2$

$N = 100$

Esta fórmula es comúnmente utilizada en los estudios de investigación de mercado con poblaciones infinitas mayores a 50.000 personas.

Por otra parte la muestra para determinar cómo las empresas venezolanas realizan su mercadeo y dan a conocer su marca, será trabajada con entrevistas al personal encargado del área del Marketing de empresas Venezolanas. Se tomará una muestra de 6 encuestas en total, en donde a todas se les realizaran las mismas preguntas.

Finalizada la investigación exploratoria y descriptiva, se procederá a analizarlas para luego unir ambas investigaciones, con el fin de establecer conclusiones acerca del uso de las Redes Sociales como complemento para la realización del Marketing en las empresas Venezolanas.

Para asegurar de que las encuetas a aplicar tanto a personas naturales como al personal experto en mercadeo estén acordes con los objetivos de la investigación, se pidió la colaboración de los siguientes especialistas en los instrumentos a usar:

- Sr. Graham Shrosbree, profesor del área de postgrado de la Universidad Católica Andrés Bello.
- Sr. Vincenzo Ruggiero, profesor del área de postgrado de la Universidad Católica Andrés Bello.
- Sr. Carlos Mazquiaran, profesor del área de postgrado de la Universidad Católica Andrés Bello

3.4. Operacionalización de las variables

Tabla 3.1-Operacionalización de las variables

Evento	Sinergia	Indicios	Indicadores	Herramientas	Fuente
Analizar la importancia que tienen las redes sociales (Web 2.0) para la realización del Mercadeo y Marketing dentro de las empresas Venezolanas.	Identificar como las empresas (pequeñas, medianas y grandes) realizan su mercadeo y dan a conocer su marca en la actualidad.	Para posicionar productos ó servicios de empresas.	Que tipos de estrategias están adoptando ahora.	Encuestas a personal encargado del área del marketing en distintas compañías, así como una investigación exploratoria por revistas científicas, etc.	Fuentes primarias y secundarias.
	Evaluar la Web 2.0 como herramienta de marketing dentro de las empresas Venezolanas.	Uso de la Web 2.0 como herramienta de marketing.	Nuevas estrategias, incremento de la rentabilidad, posicionamiento, conocimiento, interactividad, crecimiento, segmentación, producto, marca, lealtad, etc.	Realización de encuestas e análisis bibliografico (revista científicas, libros, redes sociales,etc).	Fuentes primarias y secundarias.
	Analizar las ventajas que puede tener el mercadeo a través de la Web 2.0, respecto al mercadeo por la vía tradicional.	Ventajas y desventajas del mercadeo tradicional y del mercadeo por la Web 2.0.	Nuevas formas de hacer mercadeo que no tienen el mercadeo tradicional.	Investigación relacional en donde se determine las ventajas y desventajas del mercadeo tradicional y del mercadeo por la Web 2.0.	Fuentes secundarias.
	Determinar el impacto del mercadeo a través de la web 2.0 para el público en general.	Influencia que pueda tener el mercadeo a través de la Web 2.0 en el cliente.	Nuevas estrategias, incremento de la rentabilidad, posicionamiento, conocimientos, interactividad,	Realización de Encuestas.	Fuentes primarias.

				crecimiento, segmentación, producto, marca, lealtad, etc.		

3.5 procedimiento a aplicar

Los pasos que se realizarán para lograr la investigación y la culminación de cada objetivo de forma exitosa, serán tratados por medio de fases:

Fase # 1:

Se realizará una investigación exploratoria y de campo, con el fin de poder identificar como las empresas realizan su mercadeo y dan a conocer sus productos, cumpliendo así con el primer objetivo. Primero se realizara una investigación por medio de revistas científicas, con el fin de estudiar a empresas y así determinar si usan redes sociales ó medios tradicionales para realizar el marketing de compañía y se aplicara encuesta a empresas seleccionadas en donde indicaran el tipo de publicidad que usas para mercadear sus productos.

Fase # 2:

Se aplicara una investigación de campo para las personas jurídicas encargadas del área del mercadeo de distintas empresas que serán seleccionadas más adelante, con entrevistas en donde se podrá finalizar con el segundo objetivo, el cual consiste en evaluar la Web 2.0 como herramienta de marketing para las empresas Venezolanas, se usara también una investigación exploratoria que pueda dar información a cerca del mercadeo Web 2.0 en empresas Venezolanas.

Fase # 3:

Se utilizara un tipo de investigación Relacional, con el fin de hacer una matriz DOFA para conocer las debilidades, oportunidades, fortalezas y amenazas que el mercadeo por la Web 2.0 con respecto al mercadeo por la vía tradicional, plasmando así el objetivo número tres, el cual consiste en analizar las ventajas que puede tener el mercadeo a través de la Web 2.0, respecto al mercadeo por la vía tradicional.

Fase # 4:

Para esta fase se usara una investigación de campo, tal como se explico en el punto 3.2 esto con el fin de poder determinar el impacto que tiene el mercadeo por la Web 2.0 para él público Venezolano, culminando así con el tercer objetivo de la tesis.

CAPITULO IV

ANÁLISIS DE RESULTADOS

En este capítulo se podrán conocer cuáles fueron los resultados obtenidos mediante las diferentes técnicas de investigación aplicadas para el desarrollo de esta tesis, con el fin de poder dar respuesta a cada objetivo específico.

En el capítulo anterior, se plantearon cuales serían las estrategias a utilizar para el desarrollo de cada objetivo especifico, y por ende el general, que se definieron al principio de la tesis.

4.1 Resultados de Estudio Cuantitativo

El uso de encuestas permitió hacer una investigación de mercado y conocer cómo parte del público de la gran Caracas opina sobre el uso las Redes Sociales como herramienta de mercadeo por parte de las empresas, así como el impacto que tiene esta vía de comunicación en sus vidas.

Las opiniones dadas por los participantes de las encuestas permitió analizar, medir y evaluar la influencia e impacto que tiene una publicidad hecha por los distintos medios de comunicación que posee la Web 2.0, permitiendo dar respuesta al objetivo específico enfocado en "determinar el impacto del mercadeo a través de la web 2.0 para el público en general".

La población total encuestada fue de 100 personas, 52% de ellos hombre y 48% mujeres, todos mayores de 16 años, para la realización de este estudio no importó el nivel educativo de la persona.

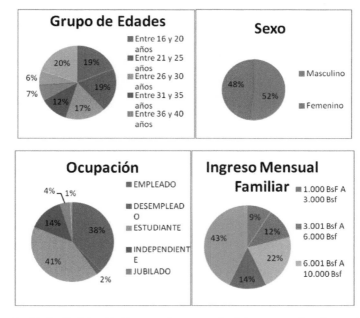

Figura 4.1._ Distribución de la población encuestada: por grupo de edad, sexo, ocupación y Ingresos familiar. (Fuente Propia)

- **Pregunta Nº 1- ¿Posee cuenta de correo electrónico, Facebook y/o Twitter?**

De las 100 personas encuestadas 96% de ellas posee por lo menos alguna de las cuentas de interés de estudio, y un 4% no posee cuenta de correo electrónico, Facebook o Twitter, por tal motivo nuestro estudio y análisis para las siguientes preguntas serán únicamente para las personas que contestaron afirmativamente a esta pregunta, es decir, el 96% de los encuestados que son aquellos que poseen cuenta en Facebook, Twitter o Correo electrónico y son los que podrán determinar el impacto y la importancia que tiene una publicidad hecha por la Web 2.0.

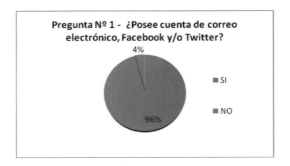

Figura 4.2._ Personas que poseen cuenta dentro de la Web 2.0 (Fuente Propia)

- **Pregunta N° 2 - Cuáles de estas cuentas posee**

Repuestas: Cuentas de Correo electrónico, cuenta en Facebook y/o cuenta en Twitter.

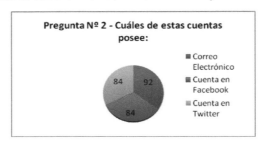

Figura 4.3._ Personas que poseen cuenta de Correo electrónico, Facebook y Twitter (Fuente Propia)

De las 96 personas que contestaron que si tenían cuenta en alguna de los 3 punto de interés de estudio de esta tesis (Correo electrónico, Facebook y Twitter), los resultados fueron los siguientes: 92 personas poseen cuenta de Correo Electrónico y en la misma proporción con un resultado de 84 personas poseen cuenta tanto en Facebook como en la Red Social Twitter.

Se observa que un mayor número de personas poseen cuenta de correo electrónico respecto a las cuentas de Facebook y Twitter, esto se debe a que esta tiene mucho mas años en el medio que las otras dos Redes Sociales, es importante señalar que el correo electrónico fue la una de las primeras formas moderna de comunicarse, adicionalmente el

53

uso del correo eléctrico es usado tanto para una comunicación informal (charla con familiares y amigos) hasta una para una comunicación formal (medio de comunicación en el área laboral).

- **Pregunte N° 3 - Posee usted:**

Respuestas: Computadora, Celular Inteligente y Tablet Electrónica

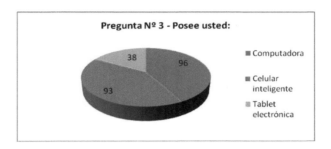

Figura 4.4._ Personas que poseen computadora, celular inteligente y tablet electrónica (Fuente Propia)

Los resultados arrojados fueron que el total de ellas posee computadora en su casa o su oficina, mientras que 93 personas poseen teléfono inteligente y solo unas 38 personas poseen tablet electrónica.

Hoy es día los celulares o teléfonos inteligentes son dentro de la sociedad venezolana muy populares, estos son adquiridos por las personas sin importar la clase social, nivel educativo o edad que se tenga y se han convertido hasta en una necesita el poseer uno de ellos. Por parte de las tablet electrónica, estas son relativamente nuevas en el mercado y los niveles de precios entre las distintas marcas son relativamente altos, este producto es por los momentos adquiridos por aquellos que poseen un estrato económico A y B.

- **Pregunta N° 4 – ¿Usa las redes sociales (Facebook y Twitter)?**

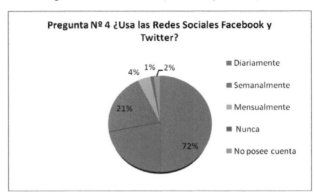

Figura 4.5._ Personas que usan las Redes Sociales (Fuente Propia)

Esta pregunta fue únicamente contestada por aquellas personas que poseen cuenta en las Redes Sociales de Facebook y Twitter.

Los resultados obtenidos arrogaron, que un 72% de los encuestados usan las redes sociales diariamente, seguido con un 21% las usan semanalmente y un 4% la usan mensualmente. Estos resultados son de gran importancia, ya que muestra que las personas tiene un interés en estas vías de comunicación realmente alto, es por esta herramienta puede ser de gran ayuda para hacer marketing y de esta forma incrementar las ventas de productos y/o servicios de empresas.

- **Pregunta N° 5 –De usar las redes sociales diariamente, las utiliza:**

Se especifico en la encuesta aplicada que esta pregunta fuera únicamente contestada por aquellos que dijeron que utilizaban las redes sociales diariamente, los cuales fueron un 72% de los encuestados.

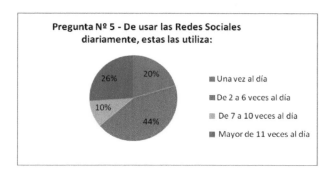

Figura 4.6._ Personas que usan las Redes Sociales diariamente (Fuente Propia)

Los resultados obtenidos son importantes para el tema que se está estudiando en esta tesis, ya que demostraron que las personas que usan las Redes Sociales diariamente expresaron, que un 44% de ellas las usan de 2 a 6 veces al día, seguido por un 26% las usan mayor de 11 veces al día, estos resultados indican que las redes sociales son un papel importante dentro de sus vidas lo que hace que las empresas deban interesarse en mercadear sus productos y/o servicios por esta vía de comunicación, ya que un alto porcentaje de la sociedad usa este medio de comunicación varias veces al día.

Pregunta N° 6 - ¿La información que obtiene de sus redes sociales y de su correo electrónico, tiene en su vida un impacto...?

Los resultados dados por la mayoría de los encuestados con un 53% revelaron que la información que obtienen de su correo electrónico y de las redes sociales tienen en sus vidas un impacto medio, lo que significa que de cierta forma si prestan atención a la información que obtienen por medio de esta vía de comunicación (Web 2.0) es por ello la importancia y el cuidado que se debe tener al dar los mensaje o información por este medio.

Figura 4.7._ Impacto de la información obtenida por la Web 2.0 (Fuente Propia)

Pregunta N° 7 - ¿Sigue en las redes sociales (Facebook y Twitter) a las empresas o marcas de su preferencia?

Las personas que poseen cuenta en una o ambas de las Redes sociales de Facebook y Twitter contestaron que 64 de ellos si utilizaban estas redes sociales para seguir a las empresas o marcas de su interés, mientras que 20 de ellas contestaron que no seguían a ninguna empresa por esta vía de comunicación.

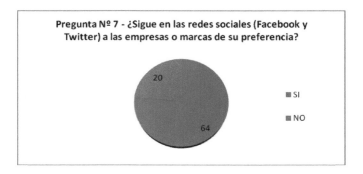

Figura 4.8._ Personas que siguen por las Redes Sociales a las empresas o marcas de su preferencia
(Fuente Propia)

- **Pregunta N° 8 ¿Le agrada recibir información de las empresas o marcas de su preferencia a través de las redes sociales (Facebook y Twitter)?**

De las 84 personas que contestaron que si tenían cuenta en alguna de las Redes Sociales de Facebook y Twitter, 60 de ellas contestaron que si les agrada recibir información de empresas por estas vías de comunicación, mientras que 24 personas dijeron que no les interesa obtener información de empresas por este medio de comunicación.

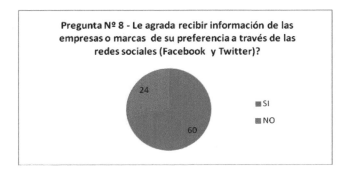

Figura 4.9._ Personas que les agradan recibir información por los medio de la Web 2.0 (Fuente Propia)

- **Pregunta N° 9 – De Poseer cuenta en la red social Twitter, la utiliza para:**

Para los encuestados que poseen cuenta en las red social Twitter (las respuestas son en base a las 84 personas que contestaron que poseían cuenta en esta red social) los resultados fueron que en su mayoría, específicamente 65 de las personas encuestadas dijeron que usan este medio para "Recibir información de interés social", seguido por la opción de "Dar información de interés social".

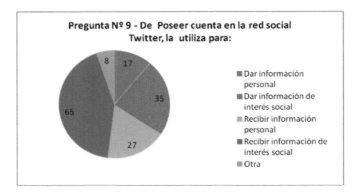

Figura 4.10._ Utilización de la Red Social Twitter (Fuente Propia)

- **Pregunta N° 10 - De poseer cuenta en red social Facebook, esta la utiliza para:**

Para los encuestados que poseen cuenta en la red social Facebook (las respuestas son en base a las 84 personas que contestaron que poseían cuenta en esta red social) los resultados para esta pregunta están muy parejos en las opciones "Dar información personal", "Recibir información personal" y "Recibir información de interés social". Estos resultados nos indican que esta red social es mucho más versátil que la red social Twitter, además de que esta Red se presta tanto para compartir con amigos como con marcas.

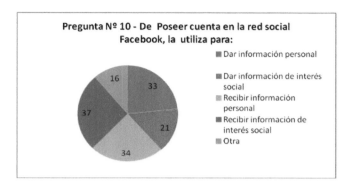

Figura 4.11._ Utilización de la Red Social Facebook (Fuente Propia)

- **Pregunta N° 11 – ¿Recibe publicidad y/o noticias de empresas en su cuenta de...?**

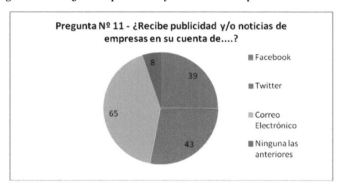

Figura 4.12._ Personas que reciben publicidad en sus cuentas de la Web 2.0 (Fuente Propia)

De las personas encuestadas 65 de ellas obtiene publicidad por su cuenta de correo electrónico, 43 personas reciben marketing en su cuenta de Twitter y 39 de ellos en su cuenta de Facebook., mientras que 8 personas dijeron que no reciben ningún tipo de publicidad por su cuenta de correo electrónico o cuenta de Facebook y Twitter.

- **Pregunta N° 12 - ¿Presta atención a la publicidad que llega a través de su correo electrónico?**

Del total de los encuestados 54% de estos dijeron que no prestaban atención a la publicidad que le llegaba a través de su correo electrónico, mientas que un 46% de las personas dijeron que si prestaban atención al marketing hecho por esta vía de comunicación.

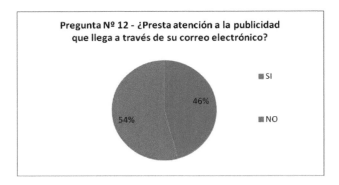

Figura 4.13._ Personas que prestan atención a la publicidad hecha por correo electrónico (Fuente Propia)

- **Pregunta N° 13 – ¿Ha comprado algún bien y/o servicio después de haber visto la publicidad por Facebook, Twitter, Mail?**

Esta pregunta es de gran importancia, ya que los resultados revelan el impacto que tiene la publicidad o mercadeo hecho en la Web 2.0, los resultados dado revelan que un 57% de las personas no ha comprado ningún bien o servicio después que vio la publicidad por la Web 2.0, mientras que un 43% de las personas después de haber visto la publicidad por la Web 2.0 se decidió a realizar la compara del bien o servicio.

Pregunta Nº 13 -¿ Ha comprado algún bien y/o servicio después de haber visto la publicidad por Facebook, Twitter, Mail?

43%

57%

■ SI

■ NO

Figura 4.14._ Personas que han comprado un producto o servicio después de haberla visto por la Web 2.0
(Fuente Propia)

- **Pregunta N° 14 – Con la publicidad que llega a su correo electrónico, usted:**

Respuestas: La lee detenidamente, prestando atención a los detalles y las promociones que ofrece, lee los títulos principales y dependiendo de ello, determina si sigue leyendo el correo o no, borra el correo sin haberlo leído o nunca le llega publicidad a su correo.

En esta pregunta se quería conocer que hace la población de Caracas con la información de publicidad que le llega a su correo electrónico, los resultados obtenidos fueron que en su mayoría con un 60% dijeron que "lee los títulos principales y dependiendo toma la decisión de continuar con la lectura del correo o no". Este resultado es de gran valor, debido a que revela que es importante dar un mensaje claro y preciso por parte de los empresarios que usan esta vía de comunicación para hacer mercadeo, ya que el lector de manera muy rápida puede tomar la decisión de leer el mensaje o borrarlo inmediatamente.

Figura 4.15._ Manejo de la publicidad hecha por correo electrónico (Fuente Propia)

4.1.1 Entrevista a Propietarios de Empresas

Para poder conocer como las empresas realizan su mercadeo, dan a conocer su marca, así la importancia y opinión que tienen para ellos la Web 2.0 como herramienta de comunicación para dar a conocer sus producto o servicio, se converso con seis dueños de compañías Venezolanas de distintos ramos y con diferente tiempo en el mercado, a todas se les realizo las mismas preguntas. Cumpliendo así con el objetivo especifico de "Identificar como las empresas (pequeñas, medianas y grandes) realizan su mercadeo y dan a conocer su marca en la actualidad" y "Evaluar la Web 2.0 como herramienta de marketing dentro de las empresas Venezolanas", el resultado y el desarrollo de la entrevista fue el siguiente.

Tabla 4.1-Entrevista a Compañías Venezolanas

Ramo de la empresa	1-¿Qué métodos utiliza para comercializar un producto y/o servicio?	2.-La compañía posee	3.-¿Ha pensado en incorporar alguna de las herramientas nombradas en las opciones de la pregunta 2?
Jardinería **(35 años en el mercado)**	Publicidad en página web y eslogan en franelas	Pagina Web y cuenta en Facebook.	No, ya que no maneja las demás Redes Sociales.
DJ **(5 años en el mercado)**	Entrega de volantes, Publicidad en página web, Publicidad en cuenta de Facebook y Twitter	Pagina Web, cuenta de Facebook y Twitter	No, ya que con las herramientas actuales funciona bien el marketing de la compañía
Consultoría Económica **(2 años en el mercado)**	Entrega de volantes, Publicidad en página web, Publicidad en cuenta de Facebook y Publicidad en cuenta de Twitter	Pagina Web, cuenta en Twitter y Facebook	N/A
Ventas al detal **(10 años en el mercado)**	No realiza ningún tipo de publicidad	No posee ningún medio para hacer publicidad	Si, cuenta en Facebook y Twitter
Atelier de Moda **(3 años en el mercado)**	Publicidad en Televisión publicidad en Revistas, publicidad en página web, en cuenta de Facebook y Twitter	Cuenta en Twitter y Facebook	No, con las que se posee el negocio funciona bien
Salón de belleza **(7 años en el mercado)**	Entrega de volantes	No posee ningún otro medio para hacer publicidad	Si, pagina web y cuenta en Facebook

Ramo de la empresa	4.-¿Utilizan la cuenta de Facebook y/o Twitter para que un tercero le haga publicidad a los productos y/o servicios de su compañía?	5.-¿Posee algún método ó estrategia para mantener contacto con sus clientes?	6.-¿Posee el correo electrónicos de sus clientes?	7.-¿Utiliza el correo electrónico de sus clientes para....?
Jardinería (35 años en el mercado)	Si	Si, vía mail, llamada telefónica y sms por celular.	Si	Enviarle mensajes de precios, Enviarle mensajes de promociones y Enviarle mensajes de nuevos productos y/o servicios
DJ (5 años en el mercado)	No	Si, vía mail	Si	Enviarle mensajes con los precios.
Consultoría Económica (2 años en el mercado)	No	Si, vía mail, llamada telefónica y por medio de seminarios en la Web.	Si	Enviarle mensajes de precios, enviarle mensajes de promociones y enviarle mensajes de nuevos productos y/o servicios
Ventas al detal (10 años en el mercado)	No	Si, por llamada telefónica	Si	Si el cliente lo quiere se le puede mandar un correo electrónico con los precios de los productos requeridos
Atelier de Moda (3 años en el mercado)	No	Si, Se busca conocer la opinión de nuestros clientes a través de encuestas publicadas en Facebook	No	N/A
Salón de belleza (7 años en el mercado)	No	Si, llamada telefónica pero usada únicamente para confirmar citas	No	N/A

Ramo de la empresa	8.-¿Considera importante para su compañía el uso de las redes sociales como herramienta de mercadeo, para mantener contacto con sus clientes y/o futuros clientes?	9.-¿Considera que la publicidad a través de las redes sociales tiene…?	10.-¿Es importante para la compañía el realizar publicidad en las redes sociales?	11.-De realizar marketing a través de la Web 2.0, porque lo utilizan:
Jardinería (35 años en el mercado)	Si, ya que es una manera rápida de establecer contacto con los clientes.	Impacto positivo en la sociedad, Es una manera fácil de llegar al público joven y Incrementa las ventas del producto y/o servicio	Si	Publicidad de bajo costo y abarca gran número de personas.
DJ (5 años en el mercado)	Si, ya que es una manera fácil y económica de dar información del servicio que se ofrece.	Impacto positivo en la sociedad y es una manera fácil de llegar al público joven	Si	Abarca gran número de personas
Consultoría Económica (2 años en el mercado)	Sí, porque además de ser un medio gratuito, permite estar en contacto con los clientes y por otro lado permite llevar las estadísticas de la campaña realizada.	Es una manera fácil de llegar al público joven y Incrementa las ventas del producto y/o servicio	Si	Publicidad de bajo costo y abarca gran número de personas
Ventas al detal (10 años en el mercado)	No, porque considero que gran parte de la sociedad no posee computadoras ni saben cómo usar las redes sociales.	Es una manera fácil de llegar al público joven	No	N/A
Atelier de Moda (3 años en el mercado)	Si, en los últimos tiempos ha habido un auge y un movimiento muy grande en las redes sociales, es por ello que usamos este medio para mantener contacto con nuestros clientes.	Es una manera fácil de llegar al público joven y de incremento las ventas del producto y/o servicio	Si	Publicidad de bajo costo y abarca gran número de personas
Salón de belleza (7 años en el mercado)	No, actualmente no poseemos ninguna campaña o medio en la Web para dar a conocer la estética, pero sí consideramos en un futuro la aplicación de facebook o twiter ya que es un medio que cada día es más popular e importante en la sociedad	Es una manera fácil de llegar al público joven	No	N/A

Ramo de la empresa	12.-De poseer cuenta en Twitter:	13.- De poseer cuenta en Facebook:
Jardinería (35 años en el mercado)	N/A	No tiene a un personal encargado de manejar la cuenta, revisa la cuenta diariamente unas 3 veces al día, manteniendo una posición activa dentro de ella, escribe mensajes en su muro, contesta por esta vía, usa este medio tanto para realiza campaña de publicidad como el Enviar mensajes de interés social
DJ (5 años en el mercado)	No se tiene a un personal encargado únicamente de manejar la cuenta, no revisa la cuenta diariamente, no mantiene una posición activa dentro de la cuenta, tampoco envía Tweets a sus seguidores pero si contesta por esta vía las dudas y las preguntas de su seguidores:	No Tiene a un personal encargado únicamente de manejar la cuenta, no revisa la cuenta diariamente, pero si mantiene una posición activa dentro de la cuenta, contesta por esta vía las dudas y las preguntas de su seguidores y realiza campaña de publicidad
Consultoría Económica (2 años en el mercado)	Si se tiene a un personal encargado únicamente de manejar la cuenta, si revisa la cuenta diariamente entre 5 a 6 veces al día, manteniendo una posición activa dentro de la cuenta enviando Tweets a sus seguidores y contesta por esta vía las dudas y las preguntas de su seguidores, así como también realiza campaña de publicidad y Envía mensajes de interés social	Si tiene a un personal encargado de manejar la cuenta, no revisa la cuenta diariamente, si mantiene una posición activa dentro de la cuenta, escribe mensajes en su muro y contesta por esta vía las dudas y las preguntas de su seguidores y utiliza este medio de comunicación para envía mensajes de interés social
Ventas al detal (10 años en el mercado)	N/A	N/A
Atelier de Moda (3 años en el mercado)	No se tiene a un personal encargado únicamente de manejar la cuenta , si se revisa la cuenta diariamente unas 3 veces al día, si mantiene una posición activa dentro de la cuenta envía Tweets a sus seguidores, usan este medio para contesta por esta vía las dudas y las preguntas de su seguidores y a través de esta vía de comunicación realiza campaña de publicidad y envía mensajes de interés social	No tiene a un personal encargado únicamente-te de manejar la cuenta, Si revisa la cuenta diariamente unas 2 veces al día, mantiene una posición activa, mantiene una posición activa dentro de la cuenta escribe mensajes en su muro y contesta por esta vía las dudas y las preguntas de su seguidores, realiza campaña de publicidad y envia mensajes de interés social
Salón de belleza (7 años en el mercado)	N/A	N/A

67

Ramo de la empresa	14.-¿Las campañas que realiza a través de Facebook y Twitter van dirigidas especialmente para un público de edades comprendidas entre?	15.-¿Poseen los Servicios de un Marketing Manager o Community Manager?	16.-¿Cuál es su opinión acerca de la tendencia del marketing para el futuro?
Jardinería (35 años en el mercado)	Están dirigidas a un público de 31 a 51 años	No	Es necesario poseer las herramientas de comunicación más apropiada para la compañía pero que a su vez este acorde con la actualidad que se esté viviendo.
DJ (5 años en el mercado)	Están dirigidas a un público de 16 a 51 años	No	Esta se va a ir incrementando en las distintas empresas, ya que es una forma de hacer mercadeo de forma fácil, rápida y económica.
Consultoría Económica (2 años en el mercado)	Están dirigidas a un público de 31 a 60 años	No	En mi opinión seguirá la tendencia hacia la digitalización y la socialización. La mayoría de los medios migrará progresivamente al espacio digital y además la versatilidad y segmentación que permite el marketing digital determinar las futuras campañas
Ventas al detal (10 años en el mercado)	N/A	No	El mercadeo evolucionará a la par de las tecnologías de acceso a información para estar siempre lo más cerca posible de los clientes existentes y potencia-les.
Atelier de Moda (3 años en el mercado)	Esta dirigida a personas entre 16 a 30 años de edad.	No	La tendencia del Marketing por la Web 2.0 irá creciendo a medida del tiempo, debido al gran impacto que tiene hoy en día las redes sociales, esta es una forma fácil, rápida y económica y de dar a conocer nuevos productos, servicios
Salón de belleza (7 años en el mercado)	N/A	No	Este medio de las redes sociales en especial Facebbok y Twitter es usada por los más jóvenes que son los que manejan toda la tecnología y es importante que como empresa nos adaptemos a esta de ser necesario para poder incrementar las ventas

68

CAPITULO V

MERCADEO WEB 2.0 DENTRO DE LAS EMPRESAS VENEZOLANAS

En este capítulo se muestra como las empresas, al realizar el mercadeo con las herramientas tradicionales, pueden implementar algunos de los instrumentos que ofrece la Web para aumentar el impacto de sus campañas publicitarias, adaptando su mercadeo de acuerdo a los cambios tecnológicos que se están produciendo en el siglo XXI, tal como lo demuestran los resultados obtenidos en el Capítulo IV por parte de los usuarios entrevistados, donde una amplia mayoría indica manejan las redes sociales para recibir información, incluyendo publicidad por parte de las empresas.

La forma de adaptar el mercadeo a la Web 2.0 a las empresas venezolanas, está basado bajo el siguiente esquema:

5.1 Estudio de las empresas en la Web 2.0.

5.2 Debilidades, Oportunidades, Fortalezas y Amenazas del Mercadeo por la Web 2.0 en relación con el Mercadeo Tradicional.

5.3 Fusión del Mercadeo Tradicional con el Mercadeo por la Web 2.0.

5.4. Folleto en donde se une el mercadeo tradicional con el mercadeo por la Web 2.0.

5.5 Productos que traen en su etiqueta las herramientas de la Web 2.0.

5.6 Publicidad hecha por la Red Social Twitter a través de un 3ero.

5.1 Empresas en la Web 2.0

Antes de comenzar a realizar cualquier tipo de mercadeo, es imprescindible que la empresa tenga claro su visión y misión, y en base a ello adaptar el mercadeo a la Web 2.0.

Las campañas de publicidad *online* son de gran importancia en esta época en la que estamos viviendo; por ello una buena campaña de mercadeo *online* puede mejorar significativamente las estadísticas de venta de un negocio y llegarle aún más al público joven y adulto que maneja el mundo IP, bien sea utilizando las redes sociales como *Facebook* y/o *twitter* como utilizando el correo electrónico.

Es así que para comenzar a realizar un mercadeo a través de las Web o de algunas de las redes sociales, es necesario dar a conocer a la empresa. Para ello, se debe generar tráfico informativo a la Web sobre determinada empresa, que ocasionará unos gastos iniciales a la compañía, pero a su vez, generará la visita de clientes actuales y futuros y un impacto en ellos.

Tal como anteriormente se dijo, para captar la atención del público es necesario que la empresa consiga los siguientes *goals*, relacionados con la Web 2.0:

- Mostrar solidez frente al público, y el mercadeo empleando la web 2.0, hace ver a la empresa como reconocida y consistente ante sus usuarios.
- Una vez elaborada la página Web y abierta las cuentas de las Redes Sociales de la empresa, se debe lograr el tráfico en ella, que la audiencia los visite y se conviertan además en visitadores constantes.
- Es importante lograr, a través de la información ofrecida en la página Web y de los mensajes lanzados en las redes sociales, que los visitantes se conviertan en clientes.
- Una vez que la empresa posea gran cantidad de clientes, es de gran ayuda que ellos se conviertan en embajadores de la marca, lo cual se logra ofreciendo un buen producto y/o servicio, escuchando a los clientes y haciéndolos sentir parte de la compañía; todo lo mencionado es posible mediante el mercadeo Web 2.0.

La Empresa deberá dar en su página Web y en su Cuenta en *Facebook* una breve introducción de la misma, quién es, a qué se dedica, cuáles son sus objetivos, misión, visión y ofrecer un catálogo acerca de sus producto y/o servicios.

5.2 Debilidades, Oportunidades, Fortalezas y Amenazas del Mercadeo por la Web 2.0 en relación con el Mercadeo Tradicional

Aunque las ventajas de la Web 2.0 son sumamente altas, existen desventajas y amenazas comparado con el mercadeo tradicional, que debe enfrentar para poder ser exitosa dentro del mundo del mercadeo y ventas; por ello cumpliendo con el objetivo específico de ¨Analizar las ventajas que puede tener el mercadeo a través de la Web 2.0, respecto al mercadeo por la vía tradicional¨, se trabajó con una matriz DOFA, la cual permitió conocer los factores internos (fortalezas y debilidades) y externos (oportunidades y amenazas) que tiene la web 2.0 como instrumento de mercadeo.

Tomando como base toda la información investigada y analizada anteriormente, se obtiene el siguiente resultado:

Tabla 5.1-Matriz DOFA

FORTALEZAS	DEBILIDADES
F1.- El mercadeo a través de la Web 2.0 permite dar una información de un producto o servicio de forma más rápida que por la vía de mercadeo tradicional.	D1.-El acceso a internet es restringido debido a que este es pago, lo cual puede que las publicidad que realice las empresas no sea
F2.- Existe una comunicación dual a través de la web 2.0, las personas jurídicas como naturales pueden establecer conversaciones a través de esta vía de comunicación.	D2.- Las Empresas que realicen publicidad por medio de la Web 2.0 va hacer mejor vita este mercadeo por personas menores de 50 años, ya que este es un medio moderno y es mejor manejado por persona jóvenes.
F3.- La Web 2.0 permite que las empresas den a conocer cuáles son los productos y/o servicios, información y novedades de los productos o servicios de	D3.- El mensaje a dar por la web 2.0 debe ser entendible y a su vez llamativo e innovador para de esta forma captar la

forma actual y acorde a los cambios tecnológicos que están presentes en la actualidad.

F4.- Las empresas tiene la oportunidad de usar el mercadeo tradicional junto con el mercadeo por la Web 2.0 para llegar al público por diferentes vías de comunicación y así promocionar sus productos o servicios.

F5.- Es una manera económica (prácticamente gratuita) de hacer mercadeo.

F6.- La Web 2.0 permite que las empresas puedan mantenerse cerca de sus seguidores y conocer cuáles son sus intereses y gustos acerca de la marca.

F7.- Cada día se incrementa el uso de celular inteligente y tablest electrónicas por lo que las empresas deben de aprovechar esta vía de comunicación para su marketing.

atención de los clientes.

D4.- Muchas compañías prefieren contratar a un comunity Manager o especialista de la Web 2.0, debido a que esta persona está calificada y conoce como funciona el mercadeo por la Web 2.0 para de esta forma asegurar el éxito de los mensajes que se den por ese medio.

D5.- Las empresas deben de mantener interesados a los clientes o posibles futuros clientes por lo que debe actualizar y en enviar mensajes todos los días y a distintas horas para mantener al público interesado en ellos.

OPORTUNIDADES	AMENAZAS
O1.- Los clientes a través de la Web 2.0 reciben una publicidad al instante la cual puede ser interactiva ya que él puede formar parte de ella Retuitiandola o opinando en la web lo que le gusto o disgusto de ella. O2.- El público puede libremente expresar su opinión hacer de la empresa	A1.- Al existir una comunicación dual, las personas son libres de hacer cualquier tipo de comentario por la Web 2.0 y esto puede ser perjudicial para las empresas ya que las personas pueden criticar o hablar mal o bien más del producto o servicio ofrecido por el empresario.

que se encuentre en la Web. O3.- El público tiene la facilidad de buscar a la empresa en la Web y ver todo lo que ellas tienen y ofrecen para sus clientes.	

Es de gran utilidad para las empresas aprovechar el uso de la Web 2.0 en especial las herramientas de Facebook y Twitter, ya que sin importar el tamaño que tenga la compañía este medio de comunicación trae consigo mucha más Fortalezas que debilidades para los empresarios y para los usuarios o clientes posee mayores oportunidades que debilidades, lo que hace que sea un excelente medio para la promoción y plaza de una empresa (2 herramientas del marketing mix) y el público podrá conocer un poco más a su marca de interés y interactuar con ella de manera directa lo cual no es posible por medio del mercadeo tradicional.

5.3 Fusión del Mercadeo Tradicional con el Mercadeo por la Web 2.0

Con la finalidad de cumplir con los objetivos de: "Identificar como las empresas (pequeñas, medianas y grandes) realizan su mercadeo y dan a conocer su marca en la actualidad" y "Evaluar la Web 2.0 como herramienta de marketing dentro de las empresas Venezolanas", se trabajó utilizando una fuente de investigación primaria, cómo lo son las encuestas a empresas mostradas en el capítulo anterior y, por investigación secundaria, el cual se presenta a continuación.

La investigación secundaria que se hace mención anteriormente, consistió en una investigación a través de revistas científicas y el análisis a empresas por las diferentes vías de mercadeo, con la finalidad de conocer cómo manejan su publicidad por la vía tradicional, apoyándose en herramientas como *Facebook*, *Twitter* y correo electrónico los cuales son instrumentos de la Web 2.0.

De acuerdo al estudio que se elaboró, el cual tenía como objetivo la forma como las empresas agrupan los instrumentos del mercadeo tradicional con el nuevo mercadeo por la Web 2.0, se obtienen los siguientes resultados:

5.4. Folleto en donde se une el mercadeo tradicional con el mercadeo por la Web 2.0

En los casos que se muestran a continuación, se puede observar cómo a una entrega de folleto - el cual es una forma de hacer mercadeo tradicional - le agregaron las cuentas de Facebook, Twitter y dirección de correo electrónico de la empresa, los cuales son herramientas de la Web 2.0 que hacen a la empresa, a ser seguida por los usuarios, y por ende enterarse de todo que lo quiera o diga la misma respecto a ella y a ellos (el público), siendo un medio de contacto directo entre la empresa y sus seguidores y/o usuarios.

- En la parte posterior de un Folleto para aplicar a un crédito bancario, el banco coloca cuál es su cuenta en *Twitter*, *Facebook* y página Web, lo cual hace que el cliente los siga por esta vía para así estar en contacto permanente con ellos.

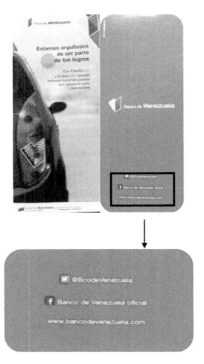

Figura 5.1-Folleto

Fuente: Banco de Venezuela

- En una tarjeta de presentación, la cual es una herramienta de mercadeo tradicional, colocan los números de teléfonos de las diferentes sedes que tienen y además agregan elementos del nuevo mercadeo moderno de la Web 2.0 como es la dirección de la página web y los símbolos de *Facebook* y *Twitter*, indicando de esta manera que el usuario puede también estar en contacto con ellos a través de estas vía de comunicación.

75

Figura 5.2 – Tarjeta de presentación

Fuente: Camerino Maquillaje, C.A

5.5 Productos que traen en su etiqueta las herramientas de la Web 2.0

Las marcas están incorporando en las etiquetas o empaques de sus productos imágenes y/o direcciones que reflejen que poseen herramientas como página web, correo electrónico, cuenta en *Facebook* y/o *Twitter*, todo esto con la intención de que el usuario los agregue en sus mencionadas cuentas y así establezcan algún tipo de comunicación con la empresa, para convencerlos sobre el producto, persuadirlos para que lo compren y para que además compartan su opinión sobre el mismo, y a su vez, la empresa podrá mantener a sus clientes informados de todo lo relacionado con la marca y los productos que ella ofrece.

Algunos ejemplos de este tipo son:

- Una etiqueta de prenda de vestir que señala la marca de la ropa adquirida, mientras que en la parte posterior se puede ver el eslogan y dirección de *Twitter*, *Facebook* y página Web.

76

Figura 5.3 – Etiqueta de ropa

Fuente: Comercial Amand, C.A

- En el libro que a continuación se presenta, se observa en su interior que el autor hace referencia a su página web, cuenta de *Twitter* y *Facebook*, todo con el objetivo que las personas lo sigan por esta vía de comunicación.

77

Figura 5.4 – Libro

Fuente: Editorial León Cósmico, C.A

- En el siguiente empaque de comida, específicamente en su parte posterior, se observa la dirección de correo electrónico, el eslogan de que posee cuenta en *Facebook* y la dirección de su cuenta en *Twitter*.

Figura 5.5 – Empaque de producto alimenticio

Fuente: Corpotración D&K, C.A

78

- En el siguiente Pendón, que está a la entrada de un club de caracas, se hace referencia a la cuenta de su Red Social *Twitter*, con la finalidad de que los socios del club tengan este medio para enterarse de toda la información que éste tiene para ellos, como lo son eventos semanales, recomendaciones alimenticias, entre otras; todo con el objetivo de crear un vínculo entre socio y club.

Figura 5.6 – Pendón y cuenta de Twitter del Club

Fuente: Magnum City Club

5.6 Publicidad hecha por la Red Social *Twitter* a través de un 3ero

Existen muchas empresas que hacen que una persona externa a ella, es decir, que no pertenece a la misma, realice el mercadeo a través de la Web 2.0 (específicamente por la red social *Twitter*). Para que esta persona o tercero realice un marketing efectivo de la empresa, debe ser alguien muy influyente dentro *Twitter*, debe tener un gran número de seguidores, ser reconocido dentro del medio por sus mensajes de interés y que además, sea respetable dentro de la red social.

A continuación se muestra algunos ejemplos donde se puede observar cómo de manera muy natural, hacen publicidad a un bien o servicio:

- Adriana Bello, puede ser considerara una persona influyente en la red *Twitter*; tiene aproximadamente 3.000 seguidores, es experta en moda y es por ello que una empresa de ropa femenina como lo es *Women Seacret* la contrata para hacer una publicidad muy natural y casual, de manera que las mujeres jóvenes se sientan identificadas con ella.

Figura 5.7 – Envío de Tweet # 1

Fuente: Cuenta en Twitter de Adriana Bello

- Luis Chataing, es una persona reconocida a nivel nacional por su trabajo en radio y televisión, cuenta con casi 1.513.000 de seguidores en la red social *Twitter* y siempre está en contacto con sus seguidores, por tal motivo distintas empresas Venezolanas solicitan su apoyo para que les realice publicidad a su compañía.

Figura 5.8 – Envío de Tweet # 2

Fuente: Cuenta en Twitter de Luis Chataing

Cuando se realiza un mensaje publicitario a través del *Twitter*, la empresa no sabe cuántas personas leerán dicho mensaje, ya que puede ser visto por muchas más personas que el total de los seguidores de la persona encargada de realizar la publicidad, ya que dichos seguidores pueden darle *Retweet* al mensaje, y a su vez todos los seguidores de éste verán el mismo mensaje, así que se puede crear una cadena infinita de posibles lectores de la publicidad lanzada por la empresa a través de un 3ro.

En la publicidad hecha por el Señor Luis Chataing, el mensaje dado fue *Retwittiado* por varios de sus seguidores, haciendo que los seguidores de las personas que Retwittiaron pudieran leer el mensaje original que en un principio fue enviado por Luis Chataing.

La información mostrada anteriormente son sólo unos ejemplos de cómo hoy en día las empresas Venezolanas, sin importar el tamaño que tengan, están adaptándose a la web 2.0 y haciendo una combinación de este nuevo marketing, que fusionado con el mercadeo tradicional, tiene mayor posibilidad de llegar a distintas personas y en diferentes momentos. No sólo por la televisión, radio y medios impresos se comunican las empresas, ya que están tratando de llegar a las nuevas generaciones de la sociedad y es por ello que usan las instrumentos como *Facebook*, *Twitter*, Correo electrónico y Página Web, para estar comunicados con el público en general.

5.7 Marketing Mix adaptado a la Web 2.0 como táctica de mercadeo

Tal como se ha analizado a lo largo del desarrollo de este trabajo de grado, las redes sociales (Web 2.0) tienen una gran importancia en los momentos actuales para la realización del Mercadeo de las empresas Venezolanas; tanto es así, que en el siglo XXI es necesario aplicar el Marketing Mix adaptado a la Web 2.0 como táctica de mercadeo efectiva, sobre todo en estos tiempos de globalización donde la competencia y oferta de productos es muy amplia.

El Marketing Mix, el cual es un juego de instrumentos fundamentales para cualquier empresa debido a que incorpora la esencia de éxito de un producto o servicio como es el precio, producto, promoción y plaza, pueden ser adaptados al mercadeo de la Web 2.0, impulsando la fidelidad de los usuarios y atrayendo a los de la competencia.

Debido a lo anteriormente expuesto, y con la finalidad de demostrar la importancia de la Web 2.0 en el mercadeo de las empresas, enfocado principalmente en las venezolanas, a continuación se muestra como el precio, producto, promoción y plaza se puede adaptar a la Web 2.0 para cualquier empresa, bien sea de producto o servicio:

- **Producto:** Las empresas deberán conocer a la perfección el producto o servicio a vender, prestando atención a todos los detalles y característica, determinado así a quien va dirigido, la edad y uso del mismo, debido a que esto determinara que vía de mercadeo se deberá utilizar, incluyendo cuáles herramientas del Mercadeo 2.0 serán necesario aplicar.

Por ejemplo si el producto a ofrecer es para un público mayor de 50 años, como lo son medicamentos para el fortalecimiento de los huesos, la Web 2.0 no es el medio adecuado para mercadear dicho producto ya que es un medio tecnológico actual, y es generalmente empleado por el público joven. Sin embargo, si se habla de un servicio como es el de DJ, la Web y las redes sociales son un excelente medio para dar a conocer su servicio, ya que la Web 2.0 junto con todos los elementos que ella implica, es altamente utilizado y conocido por las generaciones más jóvenes, que poseen teléfonos inteligentes y tabletas, estando siempre en contacto con sus redes sociales.

Estos son sólo unos ejemplos de cómo las empresas de productos y/o servicios pueden aplicar el Marketing Mix en la Web 2.0, pero de igual forma esta idea se puede extrapolar a cualquier servicio dentro del mercado, lo importante es conocer lo que se está ofreciendo y quién va dirigido, ya que esto determinará cuáles herramientas de la Web 2.0 favorecerán a la promoción de determinado producto o servicio.

• **Precio:** Este elemento del Marketing Mix es aquel que representara los costos del producto o servicio, más la ganancia que desee el empresario. Aquí se deberá reflejar todos los costos de la producción, mano de obra, materia prima, promoción, entre otros; pero como se ha demostrado a lo largo del desarrollo de esta tesis, uno de los beneficios que ofrece la Web 2.0 es el manejo de la herramienta de forma gratuita que puede ser usada por las empresas para realizar el mercadeo de su maraca a un bajo costo, además de estar en boga en los tiempos que se está viviendo.

Cuando una empresa determina que usará la Web 2.0 para dar a conocer su marca, se está ahorrando en costos iniciales, lo cual hace que el precio del producto baje y de esta forma hacerlo más competitivo en el mercado y por ende con sus competidores.

• **Plaza o Distribución:** Esta área está representada por cómo la empresa hará llegar el producto o servicio al cliente. La Web 2.0 se adapta para que el público pueda tener a la empresa de su interés en cualquier momento que lo desee y en cualquier lugar, ya que con tan solo un *clic* se encuentran en la Web y en las redes sociales "empresario- cliente"; en este medio la comunicación es distinta al mercadeo tradicional, ya que a través de la Web 2.0 el actual o futuro cliente siente un contacto y acercamiento directo con la empresa, mientras que esta última utiliza la Web 2.0 para distribuir de alguna forma el producto o servicio.

- **Promoción:** La Web 2.0 ofrece distintos medios de comunicación para que una empresa pueda dar a conocer sus nuevos productos o servicios, haciéndola muy versátil para llegar al público objetivo; dichos medios en la mayoría de los casos son gratuitos o a un muy bajo costo, como es adquirir una cuenta en *Facebook*, *Twitter*, Página Web; pero otros requieren de costos mayores como es la publicidad hecha en la banner de correo electrónico, banners en páginas Web de noticias o interés social, entre otros.

La Web 2.0 es un medio sumamente amplio para la promoción de una empresa, tal como se ha demostrado a lo largo del desarrollo de la tesis; es perfecta para que las compañías se comuniquen con sus clientes a través de todos los canales que ella ofrece, ya que la comunicación es bidireccional y que además, en la actualidad existe un movimiento muy fuerte en lo que respecta al uso de computadoras, celulares inteligentes y *tablet* electrónica por parte de los clientes, lo cual se convierte en una ventaja para las compañías que usen las redes sociales para hacer Marketing y estar en contacto permanente con sus usuarios.

La Web 2.0 se ha convertido en un puente para que los empresarios puedan hacer la publicidad y promoción de cualquier ramo de empresa, incluyendo de tipo espectáculo, show, productos, restaurantes, servicio, etc, a través de las distintas herramientas que esta ofrece. La importancia de realizar publicidad en la Web 2.0, consiste en que no existe un número determinado de personas que verán el mensaje, ya que este puede ser reenviado por los distintos contactos que posea una persona en la red o redes sociales.

Aplicando el Marketing Mix adaptado a la Web 2.0 a las empresas que se entrevistaron en el capítulo IV, se tiene como resultado lo siguiente:

5.7.1 Marketing Mix adaptado a la Web 2.0 para Empresas de Servicios

• **Producto:** Empresas como las entrevistadas para prestar el servicio de música de DJ, el cual está dirigido a personas jóvenes comprendidas entre 15 a 30 años, la Web 2.0 representa un medio perfecto para desarrollar la campaña del producto. Lo mismo ocurre con el salón de belleza, es cual es un servicio dirigido a mujeres a partir de los 13 años de edad en adelante, pudiendo sacar ventaja en cuanto a la campaña publicitaria del servicio y además de aplicar el mercadeo tradicional (más que todo enfocado al público adulto e incluso de la 3ra edad), utilizar las herramientas de la Web 2.0 para realizar el mercadeo y llegar así a las mujeres más jóvenes de la nueva generación.

Por lo anteriormente expuesto, es de suma importancia conocer el servicio y saber a quién irá dirigido el mercadeo 2.0 y si este medio será sólo el necesario para la realización del mercadeo. Tal como se mostró anteriormente, el mercadeo 2.0 será suficiente para hacerle publicidad al Servicio de DJ debido a que su público objetivo es el joven, que posee redes sociales y las utiliza constantemente a través de sus dispositivos inteligentes. Sin embargo, con el servicio de belleza es distinto, ya que se puede emplear la Web 2.0 para llegar a las adolescentes y mujeres jóvenes, pero también es necesario emplear el mercadeo tradicional para poder llegarles a las mujeres adultas que no utilicen las redes sociales y aquellas que pertenezcan a la 3ra edad.

• **Promoción:** Tal como se introdujo este tema anteriormente, el mercadeo (incluyendo la promoción del servicio) de la web 2.0 jugará un papel fundamental para llegar a dar a conocer el servicio de DJ y el Salón de Belleza, ya que las empresas que temen la decisión de utilizar la web 2.0 como herramienta de marketing, deberá realizar por esta vía la promoción y publicidad del servicio prestado. Por lo general, los jóvenes no leen la prensa física, sino por la web, así que la publicidad allí realizada es una pérdida de dinero para las empresas.

Lo recomendable es que las empresas de servicios que deseen utilizar la Web 2.0 como herramienta de mercadeo utilicen todas sus herramientas, para dar a conocer lo nuevo que esta ofreciendo así como las ofertas, promociones, etc, incluyendo el empleo de *Facebook*, *twitter* y página web, para darle interactividad a estos usuarios jóvenes que tengan la potestad de opinar sobre el servicio, dar ideas del mismo y así, se sientan identificados con la marca. La utilización de estas herramientas le resulta muy económica a la empresa e incluso, algunas de ellas no le generan costos a la misma.

Cuando se hace el Marketing por la Web, el empresario puede hacer campañas dinámicas de promoción, las cuales pueden llegar a ser muy entretenidas para los clientes, puede implementar estrategias y promociones que sólo se apliquen en la Web y esto con el fin de que el público los siga por las redes sociales y genere tráfico en las mismas.

Aun así, se debe integrar el mercadeo tradicional con el mercadeo por la Web 2.0, como lo es por ejemplo para el caso del Salón de Belleza en donde el mercadeo tradicional se debe dirigir sólo a las mujeres adultas mayores o de 3ra edad, dejando por fuera el foco a las mujeres jóvenes, que será abarcado con la promoción del servicio a través de la web 2.0, haciendo mucho más sencillo y efectivo el mercadeo y promoción.

Es importante conocer el servicio que se desea vender, y así poder analizar y determinar cuáles herramientas de la vía tradicional se pueden complementar con las herramientas que ofrece la Web 2.0, con la finalidad de hacer una campaña de mercadeo muchos más efectiva y eficiente que al sólo utilizando el mercadeo tradicional.

- **Precio:** Cuando se realiza campañas a través de la Web 2.0, el empresario se está ahorrado en costos de publicidad, mercadeo y promoción, ya que este medio puede llegar a ser mucho más económico en comparación con el mercadeo tradicional, lo que hace que el precio del servicio pueda bajar para los usuarios y pueda ser mucho más competitivo en el mercado. Este punto se observa perfectamente con la empresa que presta el servicio de DJ, donde los costos de publicidad pueden llegar a casi cero (0) al emplear la Web 2.0.

Aunque para el caso del Salón de belleza se tenga que aportar un poco más para el presupuesto del mercadeo, ya que se integra el mercadeo por la Web 2.0 y el tradicional, resulta ser más efectivo al llegar a abarcar a un público más grande, que genera aumento en cuanto a ganancias se refiere y así permite que el servicio continúe siendo competitivo, por la cantidad de usuarios que atrae.

- **Plaza:** para el servicio de DJ, la Web 2.0 resulta ser sumamente efectiva ya que todo el proceso de contratación se puede llevar a cabo mediante las herramientas utilizadas por ésta, debido a que el servicio no necesita de un lugar físico para ser prestado, sino que se traslada a dónde requiera el cliente.

Aunque caso contrario ocurre con el Salón de Belleza, ya que ésta no puede distribuirse de alguna forma, sino que posee un lugar físico donde se presta el servicio, la Web 2.0 puede ayudarla a que los clientes la utilicen para contactarlos y agendar sus citas de forma sencilla e inmediata.

5.7.2 Marketing Mix adaptado a la Web 2.0 para Empresas de Productos

- **Producto:** Tal como se mencionó en el subcapítulo anterior, para todos los productos ofrecidos por las empresas, éstas deben tener muy claro el público objetivo al cuál va dirigido, ya que esto determina el medio de publicidad a utilizar. En los casos de las empresas como la tienda de jardinería y el atelier de moda, entrevistados en el Capítulo IV, pueden implementar el mercadeo a través de la Web 2.0, ya que ambos poseen un público joven-adulto que utilizan las redes sociales constantemente.

Aún así, como los productos de jardinería son utilizados también por un público de 3ra edad que no está familiarizado con las redes sociales, y resulta necesario emplear el mercadeo tradicional para poder llegarles a esos hombres y mujeres.

- **Promoción:** El mercadeo (incluyendo la promoción del servicio) de la web 2.0 jugará un papel fundamental para llegar a dar a conocer los productos de Jardinería y Atelier de Moda de las empresas entrevistadas. En este punto se pueden utilizar incluso el apoyo de 3ros (reconocidos actores, comunicadores sociales, etc que poseen varios seguidores en *twitter* y *facebook*) para hacer la promoción a través de las redes sociales.

Aun así, se debe integrar el mercadeo tradicional para el caso de la Empresa de productos de Jardinería, pero esta parte del mercadeo se debe dirigir sólo a hombres y mujeres mayores o de 3ra edad, haciendo mucho más sencillo y efectivo el mercadeo y promoción de los productos.

La publicidad y promoción de un producto realizado a través de la Web 2.0, debe ser dinámica, divertida y que llame la atención del público cuando la vea, esto hará que el usuario sienta interés en la empresa y en los producto ofrecidos.

• **Precio:** Al igual que el punto de precio para empresas de servicios descritas anteriormente, cuando se realizan campañas a través de la Web 2.0, el empresario se está ahorrado en costos de publicidad, mercadeo y promoción, ya que este medio puede llegar a ser mucho más económico en comparación con el mercadeo tradicional, lo que hace que el precio de los productos puedan bajar o mantenerse para los usuarios y puedan ser mucho más competitivos en el mercado.

Aunque para el caso de los Productos de Jardinería se tenga que aportar un poco más para el presupuesto del mercadeo, ya que se integra el mercadeo por la Web 2.0 y el tradicional, resulta ser más efectivo al llegar a abarcar a un público más grande, que genera aumento en cuanto a ganancias se refiere y así permite que el servicio continúe siendo competitivo, por la cantidad de usuarios que atrae.

• **Plaza:** Tanto para la empresa de productos de jardinería como el Atelier de moda, se puede emplear la Web 2.0 y en especial la página Web para solicitar y comprar los productos, además de utilizar sus herramientas para que los clientes puedan contactarlos. Esto es debido a que dentro de la Web, el espacio físico de venta se hace mas grande, ya que las empresas pueden incorporar en su página web asociaciones que tiene con empresas encargadas de trasporte, y así podrán adquirir el producto deseado sin importar el lugar en donde se encuentre.

CAPITULO VI

CONCLUSIONES Y RECOMENDACIONES DEL MERCADEO POR LA WEB 2.0

Luego del análisis y resultados obtenidos a lo largo del desarrollo de la tesis, es posible concluir con una base sólida que, la comunicación cambió de forma radical en el siglo XXI, no sólo para las personas, sino también para las empresas; ellos hicieron de la tecnología y de la Internet parte de su vida, en donde a través de dispositivos inteligentes, están en constante comunicación con sus familiares, amigos e incluso empresas y marcas de su interés. Las empresas encontraron dentro de la Web 2.0 establecer una amistad con el consumidor, haciendo que el cliente se sienta escuchado e identificado con ella.

La tecnología cada día toma más fuerza a medida que se incrementa el uso de teléfonos inteligentes y *tablets* electrónicas por parte de las personas; muchas empresas Venezolanas de distintos ramos encontraron en *Facebook* y *Twitter* un aliado para hacer publicidad efectiva a un bajo costo, además de ser un excelente medio para comunicarse con los clientes o futuros clientes.

Hoy por hoy, 4 de cada 5 venezolanos poseen cuenta de correo electrónico, *Facebook* y/o *Twitter*, lo que indica que las personas en la actualidad se encuentran conectados a este medio de comunicación. La "Generación del Milenio" y la "Generación Y", son los principales usuarios que promueven la utilización de las Redes Sociales dentro del público joven, lo cual le resulta muy efectivo a las empresas, ya que éstos son aficionados a las redes sociales y comparten su vida dentro de ellas, pasando varias horas al día dentro de sus cuentas de *Facebook* y *Twitter* y en muchos casos, hasta haciendo mercadeo de las empresas sin darse cuenta, ya que con tan sólo decir a qué lugares o qué productos compraron, hacen que otras personas se interesen en ellos.

Las empresas y personas con la llegada de las Redes Sociales, hicieron su vida pública, ya que en la Web comparten todo tipo de información. El nuevo empresario visualiza las redes sociales como un medio factible, económico y bueno para comenzar hacer el Mercadeo y para conocer qué es lo que busca el consumidor.

Para las empresas que desean usar el medio de la Web 2.0 como herramienta de mercadeo, para dar a conocer un producto y/o servicios, la red social *Twitter* es mucho más efectiva, ya que las personas prefieren esta vía de comunicación para estar en contacto con empresas y marcas. En cambio la red social *Facebook*, es comúnmente utilizada para que las personas puedan para compartir con amigos actividades de su vida diaria, y en muchos casos, las empresas lo utilizan como una especie de página Web para mostrar sus productos y/o servicios.

La llegada de las redes sociales revolucionó por completo el mercadeo y la forma en que las empresas pueden llegar conocer qué es lo que cliente busca dentro de la maraca de su preferencia, haciendo que las mismas se preocupen por dar un buen producto y/ servicio, esperando así unas palabras de satisfacción por parte del cliente dentro de la Web que les otorgue una publicidad positiva.

La Web 2.0 hizo que muchos pequeños empresarios que no poseían los recursos suficientes para dar a conocerse por el mercadeo tradicional, tuviesen una ventana que les permitiera darse a conocer ante el público y de esta forma hacer contacto con ellos (especialmente con los más jóvenes que manejan las redes sociales), con el fin de informar donde podrían adquirir sus productos y/o servicios.

Sin embargo, hay un punto sumamente importante al cual se ha podido llegar después de desarrollar el trabajo de grado, y es el hecho de que una empresa, para poder ser 100% efectiva en el mercadeo de sus productos/servicios y llegar a todos sus clientes y futuros clientes, deberá de emplear un plan de mercadeo que incluya el mercadeo tradicional para captar la atención de personas de la 3ra edad y aquellos adultos que no se encuentren familiarizados con las redes sociales, complementándolo con el mercadeo Web 2.0 para así llegarle de forma rápido y concisa a aquellas personas jóvenes y conocedores de las herramientas manejadas por éste.

Por ello, a continuación se presenta un cuadro de cómo algunas de las empresas entrevistadas para este trabajo pueden unir las herramientas del mercadeo tradicional con la Web 2.0, para hacer más efectivo su plan y llegar a captar la atención de una mayor cantidad de usuarios de manera precisa.

Empresa de:	Mercadeo Tradicional				Mercadeo por Web 2.0		
	Televisión	Radio	Bolantes	Revista y Prensa	Pagina Web	Facebook	Twitter
Atelier de moda	X			X		X	X
Dj			X	X	X	X	X
Productos de Jardinería			X	X	X	X	X
Salón de Belleza	X	X	X			X	X

Tabla: 6.1 Herramientas a implementar del Mercadeo Tradicional y del Mercadeo por la Web 2.0 para las empresas entrevistadas. Fuente: Propia

La Web 2.0 trae consigo ventajas y beneficios tanto para el público como para las empresas, ya que este nuevo medio de comunicación está y continuará cambiando la forma de establecer contacto con los consumidores y estos a su vez, con las empresas de su preferencia. Uno de los grandes cambios para los empresarios dentro de la Web 2.0, es la forma de comunicación, la cual es directa con proveedores, distribuidores y clientes que se encuentren dentro de la Web, sin ningún tipo de intermediarios o terceros.

Para finalizar, es importante señalar, de acuerdo a lo obtenido en los resultados del trabajo de grado y el análisis correspondiente, que el Mercadeo Web 2.0 (en la mayoría de los casos) no debe ser el único instrumento para realizar el mercadeo de productos/servicios, sino que deberá ser un complemento al mercadeo tradicional como se ha demostrado, con la finalidad de poder así desarrollar nuevos segmentos e incrementar la eficiencia y rentabilidad de las empresas en el mercado donde operan.

BIBLIOGRAFÍA

- Altimeter Group, (2011). *8 Claves del marketing en Facebook.* *http://www.altimetergroup.com/*

- Arroyo Vázquez, Natalia. (2009). El uso profesional de la redes sociales. *Anuario ThinkEPI*, EPI SCP, pp, 145-152.

- Armstrong Gary & Kotler Philip.(2007) *Marketing Versión para Latinoamérica.* Décimo primera Edición. México. Pearson-Prentice Hall

- Auletta, Nunzia. (2009). Las Empresas criollas y el Mercadeo en la Red. *Debates IESA. Volumen XIV (2)*

- Bird, D. (2007) *Commonsense direct & digital marketing.* Londres. Kogan Page.

- Bucarito, Rhona. (Julio, 2011). El Mercadeo Interactivo rompe esquemas. *Producto.*

- Bucarito, Rhona. (2012). *Redes Sociales.* Taller realizado por AEUCAB. Abril, Caracas.

- Castells, Manuel. (2000). *Internet y la sociedad Red.* Trabajo presentado en la conferencia de la Universidad de Cataluña del programa de doctorado sobre la sociedad de la información y el conocimiento, Octubre, España.

- Celaya, Javier. (2011). *La Empresa en la Web 2.0.* 1era edición. España

- Contreras, Lissi. (Abril, 2012). Sin Monólogos. *Revista Gerente.* (288)

- Coro Zambrano, Ángel. (Julio, 2011). *Revista Producto.*

- Da Silva, John. (Julio, 2011). *Revista Producto.*

- Deighton, J. (1996). The future of interactive marketing. *Harvard Business Review. Vol.* 74 (6)

- Ferrell, O.C; Pride W.M. (1985). *Marketing decisiones y conceptos básicos.* 2 da edición Interamericana. México

- Formanchuck, Alejandro. (2010). *Comunicación interna 2.0: un desafío cultural.* 1ª ed. – Buenos Aires. Edición Formanchuk & Asociados.

- Fumero, Antonio; Roca, Genís.("Sin fecha") Web 2.0. Fundación Orange

- Gamallo, Carlos; Palacios, José; Santamaría, Mercedes; Terradez, Cristina. (Mayo, 1996). *SEAP: Sociedad Española de Anatomía Patológica.* Extraído en 2012 desde http://www.conganat.org/seap/informacion/boletin/mayo1996/mayo1996.pdf.

- Gamero, Ruth. (Sin Fecha). *Servicios basados en Redes Sociales, la Web 2.0.* Extraído en 2012 desde http://scholar.google.es/scholar?hl=es&q=REDES+SOCIALES+DENTRO+DE+LAS+EMPRESAS+POR+RUHT+GAMERO&btnG=&lr=

- Gamero Tinoco, Ruth. (8 de abril del 2011). *Redes sociales dentro de las empresas.* Extraído en 2012 desde http://www.coit.es/publicaciones/bit/bit184/8.pdf

- García, José.(2010). Marketing y comunicación, LabCom Books

- Hernández Sampieri Roberto, Fernández Collado Carlos & Baptista, Lucio Pilar.(2007) *Metodología de la investigación.* Colombia. MCGRAW – Hill

- Kothler. (2009). *Marketing Internacional para Latinoamérica*. México. Editorial Pearson

- Lessig, Lawrence. (Mayo, 2009). *El código 2.0*. Cambridge. Basic Books

- López, Jaime; Martín, Tony. ("Sin Fecha"). *El nuevo manifiesto de la web 2.0*. Creative commons

- Menéndez, Jorge. (2007) Mercadeo en estos tiempos. *Volumen XII* (1)

- Nafría Barcelona, Ismael. (Noviembre 2007). *Web 2.0. El usuario, el nuevo rey de Internet*. Extraído en 2012 desde http://www.ismaelnafria.org.

- Ostedt, Will (Julio 2012). *5 Tendencias emergentes para el marketing en redes sociales*. Extraído en 2012 desde http://www.benjalink.com/2012/07/06/5-tendencias-emergentes-para-el-marketing-en-redes-sociales/

- Peñaloza Zuleyma. (2003/2008). *Guía para la elaboración formal de reportes de investigación*. Segunda Reimpresión. Caracas –Venezuela. Editorial Texto

- Ramírez Morón, Alejandro. (Abril, 2012). Mercadeo 2.0. *Revista Gerente*. (288)

- Ramsés González, Milko. (2009) Artículo: Directo al cliente, El Mercadeo en Internet. *Debates IESA, Volúmen XIV, 2*, 21-25.

- Revista Waba. (Febrero 2012). *Tendencias de las redes sociales para el 2012*. (2da Edición). Caracas – Venezuela. Fuente: Bienpensado.com

  - Sabino Carlos. (1994). *Como Hacer una tesis*. Caracas-Venezuela Editorial Panapo

- González Ramsés Milco. (Sin Fecha). *Directo al Cliente, El Mercadeo en Internet*.

- Suárez Víctor. (Abril 2012). El reto Telco 2.0: La visión Gartner para el desarrollo de un modelo de negocios basado en Innovación. *INSIDE TELECOM, Vol. XII (16)*

- http://www.empresas-polar.com/

- http://www.evenpro.com

- http://www.openenglish.com

- http://www.polkadots.com.ve

- https://twitter.com/about

- http://www.tendenciasdigitales.com/1072/las-empresas-y-la-web-2-0/

- http://www.julianmarquina.es/el-community-manager-gestor-de-informacion-y-comunicacion-2-0
- http://blog.iedge.eu/direccion-marketing/marketing-interactivo/social-media-marketing/oriol-llevat-herramientas-de-community-manager/

- www.bancodevenezuela.com/
- www.camerinomaquillaje.com/
- www.frufru.com/

GLOSARIO

- **Clic:** Acción de pulsar cualquiera de los botones de un mouse o ratón de computadora.

- **Computadora:** Máquina electrónica que recibe y procesa datos para convertirlos en información útil.

- **Dj:** Abreviatura para referirse a un Disc jockey o *pinchadisco*.

- **Facebook:** consistente en un sitio web de encuentro social, para compartir fotos, videos e información personal.

- **Internet**: Conjunto descentralizado de redes de comunicación interconectadas que utilizan la familia de protocolos TCP/IP, garantizando que las redes físicas heterogéneas que la componen funcionen como una red lógica única, de alcance mundial.

- **Página Web:** Nombre de un documento o información electrónica adaptada para la *World Wide Web* y que puede ser accedida mediante un navegador . Esta información se encuentra generalmente en formato HTML o XHTML, y puede proporcionar navegación a otras páginas web mediante enlaces de hipertexto.

- **Red social:** Estructura social compuesta por un conjunto de actores (tales como individuos u organizaciones) que están conectados por díadas denominadas lazos interpersonales, que se pueden interpretar como relaciones de amistad, parentesco, entre otros.

- **Retweet:** Es cuando un mensaje publicado por otra persona, se desea que las gente que sigues lo lean.

- **Tablet Electrónica:** categoría entre un "teléfono inteligente" (*smartphone*) y una computadora portátil, enfocado más al acceso que a la creación de aplicaciones y temas.

- **Telefonos Inteligente o celular inteligente:** teléfono móvil construido sobre una plataforma informática móvil, con una mayor capacidad de computación y conectividad que un teléfono móvil convencional. El término «inteligente» hace referencia a la capacidad de usarse como un ordenador de bolsillo, llegando incluso a remplazar a un ordenador personal en algunos casos.

- **Tweet:** Es cuando se da un mensaje dentro de la Red Social Twitter.

- **Twitter:** Servicio de microblogging, La red permite enviar mensajes de texto plano

- de corta longitud, con un máximo de 140 caracteres, llamados twits.

- **Web:** La World Wide Web (WWW) o Red informática mundial, es un sistema de distribución de información basado en hipertexto o hipermedios enlazados y accesibles a través de Internet. Con un navegador web, un usuario visualiza sitios web compuestos de páginas web que pueden contener texto, imágenes, vídeos u otros contenidos multimedia, y navega a través de ellas usando hiperenlaces.

ANEXO I

ENCUESTA Y ENTREVISTA

ENTREVISTA A ESPECIALISTAS

Buenos tardes/noches. Soy alumna de postgrado del área de **Ciencias Económicas,** de la Universidad Católica Andrés Bello. Estoy llevando a cabo un estudio sobre La publicidad hecha a través de las redes sociales y el impacto tanto en las empresas por el uso de estas como en la sociedad. Su opinión será de gran ayuda, para lo cual le agradecería que nos dedicara unos breves instantes. Por supuesto, los datos se tratarán de modo confidencial y global, sin que se utilicen para otros fines diferentes al indicado. De antemano, muchas gracias.

Sería tan amable de responder las siguientes preguntas:

1. **¿Qué métodos utiliza para comercializar un producto y/o servicio?**

   Publicidad en radio [ ]   Publicidad en Televisión [ ]   Publicidad en prensa [ ]

   Publicidad en Revistas [ ]   Entrega de volantes [ ]   Publicidad en página web [ ]

   Publicidad en cuenta de Facebook [ ]   Publicidad en cuenta de Twitter [ ]

   Otro [ ] _____   Ninguna [ ]

2. **¿La compañía posee....?**

   Pagina Web [ ]   Cuenta en Twitter [ ]

   Cuenta en Facebook [ ]   Ninguna de las anteriores [ ]

   De haber contestado ninguna de las anteriores, pase a la pregunta 3, sino pase a la pregunta 4

3. **¿Ha pensado en incorporar alguna de las herramientas nombradas en la pregunta 2?**

   Si [ ]   Cual_____

   No [ ]   Por que_____

4. **¿Utilizan la cuenta de Facebook y/o Twitter para que un tercero le haga publicidad a los productos y/o servicios de su compañía?**

Si　( )　　　　　No　( )

5. ¿Posee algún método ó estrategia para mantener contacto con sus clientes?

Si　( )

Cual: Por vía mail ( )　　　Por llamada telefónica ( )　　　Por sms al celular ( )

Otro_____ ( )

No ( )

6. ¿Posee el correo electrónico de sus clientes?

Si ( )　　　　　No ( )

Si contesto afirmativamente pase a la pregunta 7, si no para a la pregunta 8

7. ¿Utiliza el correo electrónico de sus clientes para….?

Enviarle mensajes de precios　( )

Enviarle mensajes de promociones　( )

Enviarle mensajes de nuevos productos y/o servicios ( )

8. ¿Considera importante para su compañía el uso de las redes sociales como herramienta de mercadeo, para mantener contacto con sus clientes y/o futuros clientes?

Si　( )

Porque_____

No ( )

Porque_____

9. ¿Considera que la publicidad a través de las redes sociales tiene…?

Impacto positivo en la sociedad   (   )

Es una manera fácil de llegar al público joven   (   )

Incrementa las ventas del producto y/o servicio   (   )

No ofrecer ningún nuevo beneficio que no lo tenga el método tradicional por tv y radio)

Es una pérdida de tiempo el uso de las redes sociales para una compañía   (   )

No es una herramienta que ayude a incrementar las ventas   (   )

10. ¿Es importante para la compañía el realizar publicidad en las redes sociales?

Si (   )   No (   )

11. De realizar marketing a través de la Web 2.0, porque lo utilizan:

Publicidad de bajo costo (   )

Abarca gran número de personas   (   )

Está de moda   (   )

Porque otras empresas lo utilizan   (   )

Otra_____   (   )

12. De poseer cuenta en Twitter:

Tiene a un personal encargado de manejar la cuenta: Si (   )   No (   )

Revisa la cuenta diariamente: Si(   )   No (   )

Si contesto, Sí en la pregunta anterior cuantas veces al día revisa la cuenta _____

Mantiene una posición activa dentro de la cuenta: Si (   )   No (   )

Envía Tweets a sus seguidores: Si (   )   No (   )

Contesta por esta vía las dudas y las preguntas de su seguidores: Si (   )   No (   )

A través de esta vía de comunicación:

Realiza campaña de publicidad   (   )

Envía mensajes de interés social   (   )

13. De poseer cuenta en Facebook:

Tiene a un personal encargado de manejar la cuenta: Si (   )   No (   )

Revisa la cuenta diariamente: Si (   )   No (   )

Si contesto, Sí en la pregunta anterior cuantas veces al día revisa la cuenta —————————

Mantiene una posición activa dentro de la cuenta: Si (   )   No (   )

Escribe mensajes en su muro: Si (   )   No (   )

Contesta por esta vía las dudas y las preguntas de su seguidores: Si(   )   No (   )

A través de esta vía de comunicación:

Realiza campaña de publicidad   (   )

Envía mensajes de interés social   (   )

14. ¿Las campañas que realiza a través de Facebook y Twitter van dirigidas especialmente para un público de edades comprendidas entre?

16 a 30 años(   )   31 a 51 años (   )   52 a 60 años (   )

Mayores de 60 años (   )   Para todas las edades (   )

15. ¿Poseen los Servicios de un Marketing Manager o Community Manager?

Si (   )   No (   )

16. ¿Cuál es su opinión acerca de la tendencia del marketing para el futuro?

———————————————————————————————————
———————————————————————————————————
———————————————————————————————————
———————————————————————————————————

Datos de la compañía a encuestar:

➤ Ramo de la empresa:―――――――

➤ Tiempo en el mercado:―――――――

➤ Tamaño de la empresa en Venezuela:

Pequeña ( )

Mediana ( )

Grande ( )

Muchas Gracias por su Tiempo

ENCUESTAS A PERSONA NATURAL

Buenas tardes/noches. Soy alumna de postgrado del área de **Ciencias Económicas,** de la Universidad Católica Andrés Bello. Estoy llevando a cabo un estudio sobre La publicidad hecha a través de las redes sociales y el impacto en la sociedad. Su opinión será de gran ayuda, para lo cual le agradecería que nos dedicara unos breves instantes. Por supuesto, los datos se tratarán de modo confidencial y global, sin que se utilicen para otros fines diferentes al indicado. De antemano, muchas gracias.

Sería tan amable de responder las siguientes preguntas:

1. ¿Posee cuenta de correo electrónico, Facebook y/o Twitter?

Si   [ ]   Continuar con la encuesta   [ ]   No   Terminar con la encuesta

2. Seleccione cuáles de estas cuentas posee:

Correo Electrónico   [ ]

Cuenta en Facebook   [ ]

Cuenta en Twitter   [ ]

3. Posee usted:

Computadora

Si   [ ]   No [ ]

Celular inteligente

Si [ ]   No [ ]

Tablet electrónica

Si [ ]   No [ ]

4. ¿Usa las redes sociales (Facebook y Twitter)?

Diariamente   [ ]

Semanalmente   [ ]

Mensualmente   ( )

Nunca   ( )

No posee cuenta   ( )

Si usa las redes sociales diariamente conteste a la pregunta 5, si no pase a la pregunta 6

5. De usar las redes sociales diariamente, las utiliza:

Una vez al día   ( )

De 2 a 6 veces al día   ( )

De 7 a 10 veces al día   ( )

Mayor de 11 veces al día   ( )

6. ¿La información que obtiene de sus redes sociales y de su correo electrónico, tiene en su vida un:..?

Impacto alto   ( )

Impacto medio   ( )

Poco impacto   ( )

Indiferente   ( )

7. ¿Sigue en las redes sociales (Facebook y Twitter) a las empresas o marcas de su preferencia? *Si no posee cuenta en ninguna de estas redes sociales no conteste la pregunta.*

Si ( )   No ( )

8. ¿Le agrada recibir información de las empresas o marcas de su preferencia a través de las redes sociales (Facebook y Twitter)? *Si no posee cuenta en ninguna de estas redes sociales no conteste la pregunta.*

Si ( )   No ( )

9. De Poseer cuenta en la red social Twitter, la utiliza para: (Si no posee cuenta en Twitter pase a la siguiente pregunta)

Dar información personal   ( )

Dar información de interés social ( )

Recibir información personal ( )

Recibir información de interés social ( )

Otra ( )

10. De poseer cuenta en red social Facebook, esta la utiliza para: (Si no posee cuenta en Facebbok pase a la siguiente pregunta)

Dar información personal ( )

Dar información de interés social ( )

Recibir información personal ( )

Recibir información de interés social ( )

Otra ( )

11. ¿Recibe publicidad y/o noticias de empresas en su cuenta de..?

Facebook ( )

Twitter ( )

Correo Electrónico ( )

Ninguna las anteriores ( )

12. ¿Presta atención a la publicidad que llega a través de su correo electrónico?

Si ( )   No ( )

13. ¿Ha comprado algún bien y/o servicio después de haber visto la publicidad por Facebook, Twitter, Mail?

Si ( )   No ( )

14. Con la publicidad que llega a su correo electrónico, usted:

La lee detenidamente, prestando atención a los detalles y las promociones que ofrece. ( )

Lee los títulos principales y dependiendo de ello, determina si sigue leyendo el correo o no. ( )

Borra el correo sin haberlo leído. ( )

Nunca le llega publicidad a su correo. ( )

107

VARIABLES DE CLASIFICACIÓN

Sexo: ( ) Hombre

( ) Mujer   Edad _____

Actividad:

Empleado ( )   Jubilado

Desempleado ( )   Ama de casa

Estudiante ( )

Independiente ( )

¿Cuál es el intervalo de ingresos mensuales netos de la unidad familiar?

Bs. 1.000 a Bs. 3.000 ( )   Bs. 3.001 a Bs. 6.000 ( )

6.001 a Bs. 10.000 ( )   Bs. 10.001 a Bs. 13.000   ( )

Bs. 13.001 en adelante ( )

Muchas Gracias por su Tiempo

Bibliographic information published by the German National Library:

The German National Library lists this publication in the National Bibliography; detailed bibliographic data are available on the Internet at http://dnb.dnb.de .

Imprint:

Copyright © 2013 GRIN Verlag
Print and binding: Books on Demand GmbH, Norderstedt Germany
ISBN: 9783668683815

This book at GRIN:

https://www.grin.com/document/419430